101 Dinge, die man über
American Football
wissen muss

Todd Gurley läuft vor einem Spiel der Los Angeles Rams aus dem Spielertunnel.

Jan Dafeld

101 Dinge
die man über
American
Football
wissen muss

Inhalt

Patrick Mahomes feiert einen Touchdown seiner Kansas City Chiefs.

Larry Fitzgerald springt über den Tackling-Versuch eines Gegenspielers.

Vorwort

Es gibt viele Gründe, von American Football fasziniert zu sein: die pure Athletik der Sportler, die auf dem Spielfeld wie Naturgewalten aufeinandertreffen, die hochtaktische Komponente, die den Football stärker durchdrungen hat als nahezu jeden anderen Sport dieser Welt oder doch einfach das Drumherum, die Show, die jedes Spiel geradezu zwangsläufig mit sich bringt und viele der Zuschauer ebenso in ihren Bann zieht.

In den USA ist Football mittlerweile seit vielen, vielen Dekaden Nationalsport: Von Jonny Unitas über Jim Brown, Joe Montana, Lawrence Taylor und John Elway bis hin zu Peyton Manning und Tom Brady – Football brachte in den Vereinigten Staaten unzählige Helden und Legenden hervor. Doch auch hierzulande nimmt die Popularität von Football rasant zu. Längst sind die Zeiten als kleine Nischensportart vorbei. Der Super Bowl ruft auch in Deutschland mittlerweile zahlreiche Public-Viewing-Parties hervor, Freunde und Kollegen treffen sich regelmäßig, um Spiele ihres Lieblingsteams oder die Red-Zone-Konferenz zu verfolgen, auch die Zahl der aktiven Spieler wächst und wächst.

All dies ist Grund genug, um diesem faszinierenden Sport und seiner langen, ereignisreichen Geschichte mitsamt ihren Höhen und Tiefen ein eigenes Buch zu widmen: Welches Spiel verhalf Football erst zu seinem Status als US-amerikanischem Nationalsport? Welche Pioniere machten ihn zu dem Spiel, das er heute ist? Welche sind die größten Spieler aller Zeiten? Und welche Momente machten den Football im Besonderen aus?

All diese Fragen sollen auf den folgenden Seiten beantwortet werden. Frischgebackene Fans, die ihre Begeisterung für den Sport gerade erst entdeckt haben, sollen dabei ebenso ihre Freude haben, wie eingefleischte Experten, die womöglich dennoch das ein oder andere Neue erfahren und entdecken können.

Ich hoffe, dass dieses Buch diesem Anspruch gerecht werden kann und wünsche Ihnen viel Spaß beim Lesen!

Ihr Jan Dafeld

Das erste Footballspiel

Rutgers und Princeton erfinden eine Sportart

1

150 lange Jahre ist es her, dass sich die Universitäten von Rutgers und Princeton, damals noch bekannt als das College von New Jersey, zum ersten Football-Match in der Geschichte der Menschheit trafen – mit dem heute bekannten Sport hatte das Spiel damals allerdings noch wenig bis gar nichts gemeinsam. Tatsächlich durfte Rutgers' William J. Leggett als Kapitän der Heimmannschaft die Regeln für das Spiel am 6. November 1869 vorschlagen und orientierte sich dabei stark an den bereits existierenden Fußball-regularien: So spielten die Teams mit einem runden Ball und versuchten, diesen in das Tor der gegnerischen Mannschaft zu schießen, das Tragen oder Werfen des Balles war verboten. Einzig das physische Element des Spiels, bei dem damals nahezu jeder Körperkontakt erlaubt war, wies Gemeinsamkeiten zum heutigen Football auf. Letztlich setzte sich damals das schnellere und flinkere Rutgers-Team vor rund 100 Zuschauern mit 6:4 gegen seine physisch überlegenen Gegner aus Princeton durch.

Die Entwicklung in Richtung des heute bekannten Spiels erfolgte erst in den darauffolgenden Begegnungen: Im Rückspiel auf dem Campus von Princeton nahmen die Gastgeber beispielsweise bereits den Free Kick ins Regelwerk auf, der es einem Team erlaubte, den ersten geschossenen Ball der Gegner aus der Luft zu fangen, ohne dabei von einem Gegner angegangen werden zu dürfen. Eine Regel, die stark an den heute nach wie vor existenten Fair Catch erinnert. In den Folgejahren beteiligten sich mehr und mehr Schulen an den neu erfundenen Wettkämpfen. Bis zum ersten Spiel nach Regeln, die an die des heutigen Footballs erinnern, sollten allerdings noch einige Jahre vergehen. Die erste Begegnung mit elf Spielern pro Team, in dem der Ball nach vorne getragen werden durfte und ein Tackling des Ballträgers zu einer Spielunterbrechung führte, wurde erst am 4. Juni 1875 gespielt. Damals trafen die Universitäten von Tufts und Harvard aufeinander.

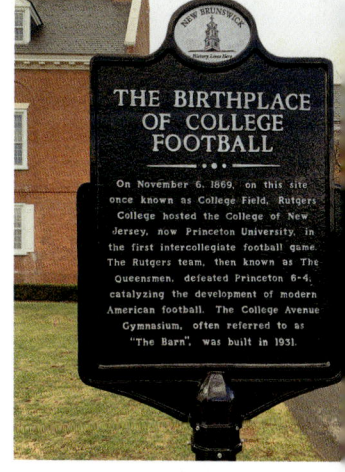

Diese Tafel auf dem Campus der Rutgers University erinnert an das erste Footballspiel.

Walter Camp

»The Father of Football«

2

Das erste Footballspiel mag bereits 1869 stattgefunden haben, doch die Sportart in der Form, wie wir sie heute kennen, wäre wohl nie Wirklichkeit geworden, wäre ein junger Mann Ende des 19. Jahrhunderts nicht auf diesen neuen Sport aufmerksam geworden. Sein Name: Walter Camp. Eine seiner ersten Begegnungen mit dem Football machte Camp 1875, als Harvard seinen größten Rivalen, die Universität von Yale, zu einem Match herausforderte. Harvard spielte damals unter anderen Regeln als die wenigen anderen Footballteams im Land, sodass sich die beiden Schulen auf einen Kompromiss des Regelwerks einigen mussten.

Camp, der im darauffolgenden Jahr sein Studium an der Yale-Universität beginnen sollte, war trotz der 0:4-Niederlage seiner Schule sofort fasziniert, seine Leidenschaft für den Football war geweckt. Er zählte zwar nie zu den dominantesten Spielern auf dem Feld – ein Harvard-Spieler fragte vor einem Spiel gegen Yale wenige Jahre später tatsächlich, ob »dieses Kind« auch wirklich mitspielen könne, ohne sich eine ernsthafte Verletzung zuzuziehen –, doch sein Einfluss auf die Entwicklung des Sports kann kaum überschätzt werden.

Der Erfinder der Downs

Camp engagierte sich aktiv in verschiedenen Regelausschüssen und ist verantwortlich für zahlreiche der Veränderungen, die schließlich zu dem Spiel führten, das heute noch gespielt wird. 1880 war es sein Vorschlag, der die Line of Scrimmage, die die Offensive und die Defensive voneinander trennt, im Spiel implementierte. Doch es dauerte weitere zwei Jahre, ehe Camps Ziel, das Spiel dadurch spannender und schneller zu machen, Wirklichkeit wurde. Bis dahin hatten einige Schulen die neue Line of Scrimmage als Sicherheit genutzt und den Ball in unzähligen, winzigen Schritten nach vorne bewegt, was das Spiel deutlich verlangsamte und in den Augen vieler Zuschauer langweilig werden ließ. Camps Antwort folgte 1882 mit der Einführung der Downs: Ab sofort hatten die Teams stets drei Versuche, um den Ball fünf Yards nach vorne zu bewegen. Gelang ihnen das nicht, wechselte der Ballbesitz und ging an den Gegner. Erst diese Neuerung löste Football von seinen Rugby-Ursprüngen und machte aus ihm den Sport, den wir heute kennen.

Darüber hinaus führte Camp die bis heute geltenden Spielfeldmaße ein, er entwarf die Yard-Markierungen auf dem Rasen und reduzierte die Anzahl der Spieler von 15 auf elf. Camp erfand obendrein den Snap vom Center zum Quarterback sowie die erste Formation im Football: eine Offensive Line aus sieben Mann mit vier Spielern dahinter, dem Quarterback und drei Running Backs. Auch die heute geltenden Punkteregelungen finden ihren Ursprung in Camps Ideen: Er legte diese damals auf vier Punkte für einen Touchdown (heute sechs Punkte), zwei Punkte für den Kick nach dem Touchdown (heute ein Punkt), fünf Punkte für Field Goals (heute drei Punkte) sowie zwei Punkte für einen Safety fest. Die letzte dieser Regeln hat bis heute Bestand.

Head Coach im Alter von nur 29 Jahren

Nach seinem Abschluss in Yale wurde Camp Head Coach des Footballteams der Universität und trainierte später auch noch am College von Stanford. Bereits zu dieser Zeit wurde sein Einfluss auf die Entwicklung des Spiels hoch geschätzt. Schon 1892, Camp war gerade mal 33 Jahre alt, verpasste ihm Caspar Whitney vom New Yorker Magazin *Harper's Weekly* seinen Spitznamen, der sich bis heute gehalten hat: »The Father of Football«.

Fans bei einem Spiel von Harvard gegen Yale

Die Gründung der NCAA

Der Aufstieg zum nationalen Sport

3

Die von Camp angestoßenen Regeländerungen stießen schnell auf Begeisterung und sorgten in den USA für eine rasant ansteigende Popularität von Football. Zahlreiche große College-Rivalitäten, darunter beispielsweise das alljährliche Spiel von Army gegen Navy, gehen auf das späte 19. Jahrhundert zurück, 1888 gründete die Universität von Southern California zudem das erste Footballteam an der Westküste.

Dennoch litt der neue Sport unter einem enormen Problem: Er war schlicht zu brutal. Die bestehenden Regeln, die praktisch jede Art eines Tacklings erlaubten und oft zu massenhaften Zusammenstößen zwischen

Zwei College-Teams im Jahr 1912

den rivalisierenden Mannschaften führten, stellten für jeden Spieler auf dem Spielfeld permanent eine ernsthafte Gefahr dar. Innerhalb von 15 Jahren verzeichneten die USA mehr als 300 Todesfälle als direkte Folge von Football, zahlreiche Schulen stellten ihren Spielbetrieb deshalb wieder ein. Als im Jahr 1905 19 weitere Tote hinzukamen, schaltete sich sogar der US-amerikanische Präsident ein: Theodore Roosevelt lud Vertreter von Schulen wie Harvard, Yale und Princeton ins Weiße Haus ein, um Änderungen am bestehenden Regelwerk zu diskutieren und die Anzahl der Todes- und Verletzungsfälle so zu reduzieren. Einige Berichte aus der Zeit mutmaßten sogar, dass der Republikaner damit drohte, Football gänzlich zu verbieten, sollten die Gefahren, die mit dem Spiel einhergingen, nicht verringert werden.

Der Vorwärts-Pass wird eingeführt

Roosevelts Intervention war von Erfolg gekrönt: Am 28. Dezember 1905 kamen Vertreter von 62 Schulen in New York zusammen, um Wege zu finden, ihren Sport sicherer zu machen. Die Teilnehmer des Treffens einigten sich schließlich auf die Gründung der Intercollegiate Athletic Association of the United States (IAAUS), die fortan über Regeländerungen im Sport entscheiden sollte und vier Jahre später in die bis heute bestehende National Collegiate Athletic Association (NCAA) umbenannt wurde. Tatsächlich diente die NCAA anfangs ausschließlich als Regelausschuss, erst ab 1921 richtete sie auch einige Wettbewerbe im Football und in weiteren Sportarten aus.

Die Änderungen des Football-Regelwerks ließen nicht lange auf sich warten und traten bereits im Frühjahr 1906 in Kraft. Die beiden wichtigsten Neuerungen: Ab sofort waren formierte Tacklings, bei denen Spieler sich beispielsweise bei ihren Nebenmännern unterhakten und einen Gegenspieler gemeinsam attackierten, verboten; zudem wurde erstmals der Pass nach vorne erlaubt, um das Spielgeschehen vertikal auseinander zu ziehen und so massenhafte Kollisionen zu vermeiden. Die neuen Regeln zeigten schnell Wirkung, die Schulen nahmen das Spiel wieder auf und die Popularität von Football wuchs erneut rasant. Besonders im Süden der USA stieß der Sport mehr und mehr auf Begeisterung, spätestens nach dem Sieg von Alabama im Rose Bowl 1926 stieg Football zum beliebtesten Sport des Südens auf. In den 1930er-Jahren legte das Spiel schließlich endgültig seinen regionalen Charakter ab. Gleich vier Städte riefen ihre eigenen Bowl Games nach dem Vorbild des Rose Bowls in Pasadena ins Leben: Der Orange Bowl in Miami, der Sugar Bowl in New Orleans, der Sun Bowl in El Paso sowie der Cotton Bowl in Arlington waren geboren.

Die College Bowl Games

Vom Tourismus-Spiel zum alles entscheidenden Finale

4

Jahr für Jahr werden in den USA Spiele wie der Rose Bowl, der Sugar Bowl oder der Cotton Bowl ausgetragen. Es existieren sogar ein Bahamas Bowl, ein Mineral Water Bowl und ein – kein Witz – Famous Idaho Potato Bowl. Doch was sind diese Bowl Games überhaupt? Ihren Ursprung findet diese Tradition im Jahr 1902, als die Colleges von Michigan und Stanford im Rahmen der Rose Parade in Pasadena aufeinandertrafen.

Der Rose Bowl als Grundstein

Die Begegnung entwickelte sich zu einer jährlichen Tradition und erhielt im Jahr 1923 durch das neue Rose Bowl Stadium, in dem das Match fortan ausgetragen wurde, ihren Namen. Tatsächlich stammen sämtliche Bowl-Begriffe im Football von dieser Partie ab, darunter also auch der Pro Bowl und sogar der Super Bowl. Einen besonderen sportlichen Wert brachte das Spiel damals zwar nicht mit sich, aufgrund der merklich erhöhten Popularität der Rose Parade zogen andere Städte in den

Das Rose Bowl Stadion in Pasadena

Die LSU Tigers nach dem Sieg im National Championship Game 2019

1930er-Jahren jedoch nach. So entstanden unter anderem der Sugar Bowl, der Orange Bowl und der Cotton Bowl. Heute existieren rund 40 Bowl Games auf dem höchsten College-Level.

National Championship Game existiert seit 2015

Viele Bowl Games sind dabei nach wie vor reine Marketing-Spiele, zu denen zwei Teams eingeladen werden, um den Tourismus in der Stadt zu fördern. So wird der Großteil der Spiele, die stets in der Wintersaison stattfinden, noch heute in den warmen Regionen der USA ausgetragen. Und doch gibt es heutzutage auch Spiele, die deutlich mehr Signifikanz mit sich bringen: Während der Sieger einer jeden College-Saison lange Zeit schlicht gewählt und nicht in einem finalen Spiel oder Turnier ermittelt wurde, wurden in den 1990er-Jahren einige Bowl Games so umstrukturiert, dass darin die besten Teams des Landes direkt aufeinandertreffen sollten. Seit 2015 spielen die vier höchstplatzierten Teams einer jeden Saison nun in zwei Halbfinals – dem Peach Bowl und dem Fiesta Bowl – sowie im finalen National Championship Game den Champion unter allen College-Teams des Landes aus.

Die Positionen der Offense

Quarterback, Offensive Tackle, Tight End & Co.

5

Quarterback

Der Quarterback ist der wichtigste Spieler im Football, er erhält bei praktisch jedem Snap der Offense zunächst den Ball und ist somit in beinahe jeden Spielzug der Offense direkt involviert – egal, ob dies ein Run oder ein Pass ist. Darüber hinaus fungiert der Quarterback als eine Art verlängerter Arm des Coaches: Er ist es, der den Spielzug von der Seitenlinie erhält und an seine Mitspieler weitergibt. Diesen kann er anschließend obendrein noch mit einem so genannten Audible abändern, zum Beispiel einen Passspielzug zu einem Lauf-Spielzug oder aber auch seine Pass-Protection oder die Route eines seiner Receiver verändern. In erster Linie ergibt sich der enorme Wert des Quarterbacks heutzutage allerdings aus der Tatsache, dass das Passspiel als wichtigster Bestandteil der Offense zum Großteil von ihm abhängt. Dies spiegelt sich auch in der Bezahlung wider: Die 13 NFL-Spieler mit dem höchsten Gehalt im Jahr 2019 waren allesamt Quarterbacks.

Running Back

Der Running Back ist der zweite Spieler neben dem Quarterback, der sich beim Großteil der offensiven Plays im Backfield, also hinter der Offensive Line, befindet. Im modernen Football muss der Running Back zunehmend drei verschiedene Facetten bedienen können: Rushing, also das Laufen mit dem Ball, Catching, das Freilaufen und das Fangen des Balls, sowie Pass-Blocking, also das Blocken, um dem werfenden Quarterback mehr Zeit zu verschaffen. Der erste Bereich war über die ersten 100 Jahre des Spiels die mit Abstand wichtigste Aufgabe des Running Backs, Spieler wie Jim Brown oder Barry Sanders wurden durch ihr Laufspiel zu zwei der größten Legenden des Sports. Doch: Mit der Evolution des Spiels, ganz besonders auf dem NFL-Level, wurde das Passspiel immer effektiver und in der Folge auch für Running Backs immer wichtiger.

Wide Receiver

Die Wide Receiver sind die primären Passempfänger für den Quarterback. In der modernen NFL stehen meistens drei Spieler dieser Position gleichzeitig auf dem Feld, je nach Offense können es aber auch

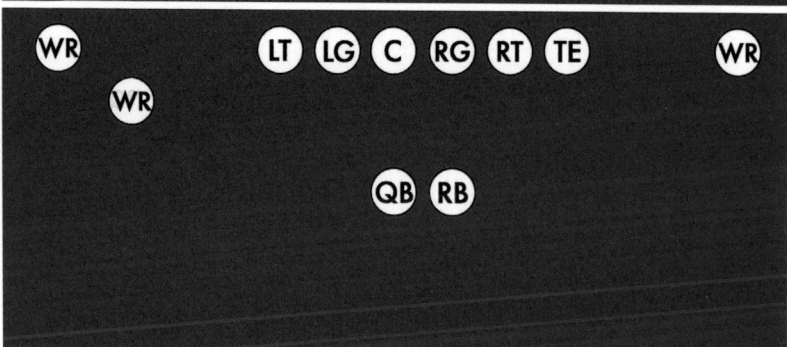

Beispiel für eine Offense mit drei Wide Receivern, einem Tight End und einem Running Back auf dem Feld

ein, zwei oder unter Umständen sogar vier Wide Receiver sein. Unterschieden werden muss dabei zwischen den Rollen, die Receiver auf dem Feld einnehmen können. In der Regel handelt es sich um so genannte X-, Y- und Z-Receiver. Der X-Receiver wird meistens am äußeren Rand der Formation direkt an der Line of Scrimmage platziert. Er ist für gewöhnlich der physischste Receiver eines Teams. Der Y-Receiver ist meist der so genannte Slot Receiver. Das bedeutet, dass er nicht am Rand der Formation, sondern nahe der Offensive Line postiert ist. Der Y-Receiver wird oft dazu eingesetzt, um schnelle und einfache Pässe über die Mitte des Feldes zu ermöglichen. Der Z-Receiver wird meist auf der Gegenseite des X-Receivers postiert. Z-Receiver müssen in der Regel nicht so kräftig sein und sind in den meisten Fällen sehr schnelle Spieler, die Defenses dadurch tief attackieren können.

Tight End

Der Tight End fungiert seit jeher als eine Art Mischung aus Wide Receiver und Offensive Tackle. Je nach Spielzug und offensiver Philosophie kann er entweder als Passempfänger oder als zusätzlicher Blocker eingesetzt werden. Dementsprechend gibt es auch hier sehr verschiedene Spielertypen. Einige Tight Ends sind auf das Blocken spezialisiert und laufen nur in Ausnahmefällen selbst Routen. In der modernen NFL, in der das Passspiel immer wichtiger wird, ist der Receiving Tight End, der seine Stärken als Passempfänger hat, allerdings deutlich weiter verbreitet. Zahlreiche Offenses nutzen ihre Tight Ends mittlerweile regelmäßig und lassen diese auch immer wieder vertikale Routen laufen.

Die Gehälter der Offensiv-Spieler

Das Gehalt, das NFL-Teams Spielern auf einer bestimmten Position zu zahlen bereit sind, ist ein guter Indikator dafür, welche Positionen von Coaches und Managern heutzutage als am wertvollsten eingeschätzt werden. Während das Gehalt von Quarterbacks beispielsweise Jahr für Jahr kontinuierlich steigt, stagnierte der Markt für Running Backs und Tight Ends über mehrere Jahre. Dies ist ein Überblick über die Spitzenverdiener auf den jeweiligen offensiven Positionen. (Stand: Juni 2020)

Quarterback: Russell Wilson (Seattle Seahawks), 35 Mio. US-Dollar/Jahr
Running Back: Christian McCaffrey (Carolina Panthers), 16 Mio. Us-Dollar/Jahr
Wide Receiver: Julio Jones (Atlanta Falcons), 22 Mio. US-Dollar/Jahr
Tight End: Austin Hooper (Cleveland Browns), 10,5 Mio. US-Dollar/Jahr
Offensive Tackle: Laremy Tunsil (Houston Texans): 22 Mio. Us-Dollar/Jahr
Guard: Brandon Brooks (Philadelphia Eagles), 14,1 Mio. US-Dollar/Jahr
Center: Rodney Hudson (Oakland Raiders), 11,3 Mio. US-Dollar/Jahr

Offensive Line

Die Offensive Line, bestehend aus dem Center, zwei Guards sowie zwei Offensive Tackles, arbeitet bei jedem Spielzug als Einheit zusammen, die jeweiligen Aufgaben sind stets miteinander verknüpft. Der Center ist neben dem Quarterback der Spieler, der den Ball bei jedem offensiven Play berührt, da er diesen an den Quarterback übergibt oder zu ihm wirft. Gleichzeitig ist der Center oft für die Protection des Teams mitverantwortlich. Das bedeutet: Er soll erkennen, welcher von den gegnerischen Spielern attackieren wird und, davon ausgehend, die Entscheidung treffen, welcher Blocker welchen Gegenspieler zu übernehmen hat. Die Guards sind in der Regel die beweglichsten und athletischsten Spieler in der Offensive Line. Sie werden im Run-Blocking oft als Puller eingesetzt, also als Spieler, die nach dem Snap auf die andere Seite der Offensive Line laufen, um dort zu blocken. Die Offensive Tackles schließlich blocken häufig die gefährlichsten Pass-Rusher des Gegners. Besonders beim Left Tackle spricht man oft von den Beschützern der Blind Side des Quarterbacks, da ihre Gegenspieler sich dem Quarterback von dessen linker Seite nähern, wo dieser sie nicht gut sehen kann. Das schlägt sich auch im Gehalt der Spieler wieder: Offensive Tackles, ganz besonders Left Tackles, werden in der NFL im Durchschnitt höher bezahlt als die anderen Linemen.

Die Positionen der Defense

Edge Defender, Linebacker und Free Safety

6

Interior Defender

Die Nutzung der Positionsbegriffe des Defensive Tackles sowie des Defensive Ends dürfte den meisten Fans nach wie vor geläufiger sein als die des Interior Defenders. Diese Unterscheidung ist im modernen Football allerdings weitgehend überholt.

Der Begriff des Interior Defenders, der die Defensive Linemen zwischen den so genannten Edge Defendern beschreibt, ist deutlich präziser. Für gewöhnlich stehen zwei bis drei dieser Spieler gemeinsam auf dem Feld. Die Aufgaben der Interior Defender sind trotz ihrer teils unterschiedlichen Aufstellung auf dem Feld im Kern ähnlich. So sollen die Spieler auf diesen Positionen meistens eine bestimmte Lücke in der Offensive Line attackieren.

Bei einem Passspielzug der Offense geht es zumeist darum, durch diese Lücke hindurchzustoßen und zum Quarterback zu gelangen. Bei einem Lauf-Spielzug besteht die Aufgabe vielmehr darin, die zugewiesene Lücke zu schließen, also zu verhindern, dass der Running Back durch diese hindurchstoßen kann.

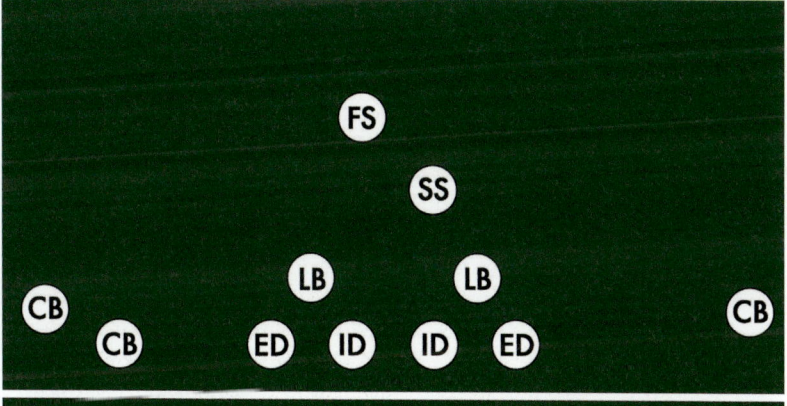

Beispiel für eine Defense mit zwei Linebackern und drei Cornerbacks, eine sogenannte Nickel-Defense

Edge Defender

Auch dieser Positionsbegriff wird im Football noch nicht von jedermann genutzt, die klassischen Bezeichnungen (Defensive End und Outside Linebacker) sind allerdings zunehmend ungenau, da deren Aufgabenbereiche größtenteils identisch sind. Die Edge Defender postieren sich üblicherweise gegenüber der Offensive Tackles, leicht außerhalb der Tackles oder noch weiter entfernt von der Offensive Line, zum Beispiel gegenüber eines Tight Ends. Sie nehmen also die Position am Rand der Defensive Line ein, der so genannten Edge. Bei einem Passspielzug attackieren die Edge Defender meist den Quarterback. Dabei gibt es verschiedene Techniken und Spielertypen, die entweder stärker auf Geschwindigkeit oder auf Kraft setzen. Bei einem Lauf-Spielzug ist es Aufgabe der Edge Defender, den Running Back nicht nach außen entkommen zu lassen. Sie sollen gewährleisten, dass der Runner in der Mitte des Feldes bleibt und dort gestoppt werden kann.

Linebacker

Die Linebacker sind die Verteidiger, die vor dem Snap für gewöhnlich hinter der Defensive Line, aber vor den Safeties in der Mitte des Feldes platziert sind. Je nachdem, welche gegnerischen Spieler die Offense auf das Feld schickt, stehen in der Regel ein bis drei Linebacker auf dem Platz. In der modernen NFL müssen Linebacker Allrounder sein und in drei verschiedenen Facetten des Spiels Qualitäten mitbringen. Als Pass-Verteidiger werden Linebacker zumeist als direkte Gegenspieler von Running Backs oder Tight Ends eingesetzt. In der Run-Verteidigung sind Linebacker – ähnlich wie die Interior Defender – für eine bestimmte Lücke in der Offensive Line zuständig. Ihre Aufgabe besteht also darin, die Lücke zu schließen und den Running Back zu stoppen. Als Blitzer werden Linebacker zudem eingesetzt, um der Defense im Pass-Rush einen numerischen Vorteil zu verschaffen und/oder den Interior und Edge Defendern einfachere Duelle zu ermöglichen.

Safety

Die Safeties sind in der Regel die Spieler der Defense, die vor dem Snap am weitesten von der Line of Scrimmage entfernt stehen. Sie spielen sehr tief postiert und sollen große Raumgewinne der Offense verhindern. Unterschieden wird oft zusätzlich zwischen dem Free Safety und dem Strong Safety, die je nach defensivem System unterschiedliche Rollen einnehmen. Der Free Safety spielt meist die klassische Rolle des Safetys: Er postiert sich sehr tief und ist in erster Linie als Verteidiger gegen tiefe Pässe gefragt. Dem Strong Safety kann in manchen defensiven Systemen eine ähnliche Rolle zukommen wie dem Free Safety, häufig agiert dieser allerdings näher an der Line of Scrimmage. Der Strong Safety fungiert in dieser Rolle als eine zusätzliche Hilfe in der Laufverteidigung sowie als Passverteidiger gegen kurze und mittellange Pässe.

Cornerback

Cornerbacks sind primäre Passverteidiger, die in den meisten Fällen die direkten Gegenspieler der Wide Receiver darstellen und sich vor dem Snap gegenüber von diesen aufstellen. Dementsprechend richtet sich die Anzahl der Cornerbacks auf dem Spielfeld häufig auch nach der der gegnerischen Wide Receiver. Ein Cornerback muss auf dem NFL-Level in der Lage sein, verschiedene Typen von Gegenspielern zu verteidigen und sich sowohl gegen große und physische als auch gegen sehr schnelle Receiver behaupten zu können.

Während einige Teams konstant mit einem linken und einem rechten Cornerback spielen, werden die besten Spieler auf dieser Position teilweise so genutzt, dass sie sich konstant gegenüber dem besten gegnerischen Receiver aufstellen, diesen also geradezu über das Spielfeld verfolgen. Passend zum Slot Receiver in der Offensive wird auch der Slot Cornerback in der Defensive von Saison zu Saison wichtiger. Dieser Spieler stellt sich stets gegenüber dem gegnerischen Slot Receiver auf und verteidigt diesen im Eins-gegen-Eins.

Die Gehälter der Defensiv-Spieler

Auch in der Defensive sagt das Gehalt der einzelnen Positionsgruppen und Spielertypen einiges über ihre Wertschätzung auf dem Footballfeld aus. Unter den Interior Defendern und Edge Defendern werden zum Beispiel seit jeher Pass-Rusher deutlich besser bezahlt als Verteidiger, die ihre Stärken eher gegen den Lauf haben. Während der Markt für Cornerbacks in den vergangenen Jahren eher stagnierte, sich also nicht signifikant steigerte, erhielten Darius Slay und Byron Jones 2020 beide Rekord-Verträge (Stand: Juni 2020).

Interior Defender: Aaron Donald (Los Angeles Rams), 22,5 Mio. US-Dollar/Jahr
Edge Defender: Khalil Mack (Chicago Bears), 23,5 Mio. US-Dollar/Jahr
Linebacker: Bobby Wagner (Seattle Seahawks), 18 Mio. US-Dollar/Jahr
Safety: Eddie Jackson (Chicago Bears) 14,6 Mio. US-Dollar/Jahr
Cornerback: Darius Slay (Philadelphia Eagles), 16,7 Mio. US-Dollar/Jahr

Die Gründung der NFL

Die ersten Schritte als Profisport

7

Den ersten Schritt in Richtung Professionalisierung machte der Football zwar bereits 1892, als erstmals hohe Summen für die Dienste einzelner Footballspieler gezahlt wurden, dennoch sollte die Entwicklung bis hin zur ersten überregionalen, dauerhaft bestehenden Profiliga noch viele Jahre dauern. Erst Ende der 1910er-Jahre formierten sich an der Ostküste sowie im mittleren Westen der USA erstmals Footballligen, die über mehrere Bundesstaaten hinweg agierten. Letztere sollten sich schließlich im Lauf der Jahre zur NFL entwickeln.

1920 wurde die American Professional Football Association in Canton, Ohio gegründet – auf dem Parkplatz eines Autohändlers. Die Liga nahm hauptsächlich Teams aus der regionalen Ohio League, jedoch auch jeweils ein Team aus Buffalo, Rochester und Chicago auf. Bei ihrer Gründung bestand der Wettbewerb aus elf Mannschaften, deren Anzahl in den Folgejahren allerdings stark variierte. Heutzutage existieren nur noch zwei Teams aus dem Gründungsjahr der Liga – wenn auch unter anderem Namen: die Chicago Cardinals (heute Arizona Cardinals) sowie die Decatur Staleys

(heute Chicago Bears). 1922 erhielt die Liga schließlich ihren bis heute bestehenden Namen: National Football League.

An professionellen Strukturen mangelte es dem Wettbewerb allerdings nach wie vor. Die Teams spielten unterschiedlich viele Saisonspiele, unter Umständen wurden sogar Spiele gegen College- oder Amateur-Teams mit in die Wertung aufgenommen. Zudem bestand ein teilweise gigantischer Unterschied zwischen den finanziellen Bedingungen der Teams. Als die New York Giants 1928 beispielsweise Benny Friedman von den Detroit Wolverines verpflichten wollten, kaufte Giants-Besitzer Tim Mara die Wolverines kurzerhand auf und meldete sie vom Spielbetrieb ab.

Erst durch die Anstöße von George Preston Marshall, Besitzer der Boston Redskins, und George Halas, Besitzer der Chicago Bears, entwickelte sich die NFL zu Beginn der 1930er-Jahre in eine Liga mit professionellen Strukturen. Die Teams zogen – mit der bis heute bestehenden Ausnahme der Green Bay Packers – in größere Märkte und wurden in zwei unterschiedliche Divisionen eingeteilt, deren Sieger am Ende der Saison den Meister unter sich ausspielten. Erst 1933, 13 Jahre nach der Gründung der Liga, kam es zum ersten Championship Game der NFL. Auf dem Wrigley Field in Chicago siegten die heimischen Bears mit 23:21 gegen die New York Giants.

Die Chicago Bears und New York Giants im ersten NFL Championship Game

Die Geschichte des Regelwerks

Ein Regelbuch im Wandel der Zeit

8

Das Regelwerk der NFL bestand im Jahr 2019 aus 19 Regeln, 116 Abschnitten und 343 Artikeln. Mit dem Regelbuch, das vor mehr als 100 Jahren erstmals von der NFL genutzt wurde, hat das heutige Dokument allerdings kaum noch etwas gemeinsam. In den 1920er-Jahren setzte die NFL noch auf die exakt gleichen Regeln wie die College-Teams, erst im Jahr 1932 führte die Liga ihren ersten eigenen Regelausschuss ein, der das Spiel spannender und für Fans attraktiver machen sollte. Eine der ersten vom Ausschuss beschlossenen Veränderungen war das Erlauben von mehreren Incomplete Passes bei einer Serie von Downs. Tatsächlich waren – aus heutiger Sicht geradezu unvorstellbar – mehrere unerfolgreiche Pässe bis 1934 noch verboten gewesen.

In den Folgejahren entwickelte sich das Spiel mehr und mehr in die Richtung des Sports, den wir heute kennen: Die Anforderungen an die einzelnen Spieler wurden spezieller, sodass sich ab Beginn der 1950er-Jahre separate Offensiv- und Defensivteams weitestgehend als Standard etabliert hatten. Nachdem sich Browns-Star Otto Graham in einem Spiel schwer im Gesicht verletzte hatte, wurde zudem der erste Gesichtsschutz in der NFL eingeführt – wenn auch vorerst noch aus Plastik. Die Browns unter Paul Brown waren es auch, die 1956 erstmals Radiowellen nutzten, um den Head Coach während des Spiels mit dem Quarterback kommunizieren zu lassen. Auch wenn das System in der NFL heutzutage seit mehr als 25 Jahren etabliert ist, wurde diese Erfindung damals noch von Commissioner Bert Bell verboten und blieb fast 40 Jahre im Abseits jedes NFL-Feldes.

Regeländerungen erleichtern das Passspiel

1972 gewann das Laufspiel durch eine Veränderung der Spielfeldbegrenzung enorm an Effizienz, die NFL reagierte darauf mit weiteren Regeländerungen, die wiederum dem Passspiel entgegenkommen sollten. 1978 verbot die Liga beispielsweise körperlichen Kontakt von Verteidigern gegen Receiver, sobald diese mehr als fünf Yards von der Line of Scrimmage entfernt waren. Diese Regel wurde bekannt als die Mel Blount Rule, benannt nach dem Cornerback der Pittsburgh Steelers, der zuvor zahlreiche seiner Gegenspieler kurzerhand zu Boden geworfen hatte.

Nachdem die NFL ein Replay-System, bei dem sich die Schiedsrichter Spielszenen auf einem Monitor in der Wiederholung ansehen konnten,

Ronde Barber führt ein Horse Collar Tackle aus.

zunächst für sechs Jahre getestet und für nicht gut genug befunden hatte, wurde dieses 1999 dann schließlich doch eingeführt. Die Liga legte allerdings fest, dass Coaches Einspruch gegen angeblich falsche Entscheidungen einlegen sollten – das so genannte Challenge-System, das bis heute nach wie vor in Kraft ist.

Haare ziehen bleibt erlaubt

Während ein Tackling durch Greifen der gegnerischen Gesichtsmaske bereits seit 1956 verboten war, wurde das Horse-Collar Tackle, also ein Tackle durch Greifen und Ziehen des gegnerischen Trikots im Nackenbereich, erst 2005 verboten. Bis heute stellen diese zwei Regelungen allerdings die einzigen Ausnahmen für Tacklings durch Greifen dar. Spieler können also legal zu Boden gebracht werden, indem sie beispielsweise an den Haaren oder an ihrem Bart festgehalten werden.

Neben weiteren Regeländerungen, die die Sicherheit der Spieler verbessern sollten, stellte die veränderte Catch-Regel 2018 die größte Neuerung in der jüngeren Vergangenheit der NFL dar. Seitdem legt das Regelbuch für einen Catch drei Kriterien zugrunde: Hatte der Spieler sichere Kontrolle über den Ball? Hatte er beide Füße oder ein anderes Körperteil mit Ausnahme der Hände innerhalb des Spielfelds auf dem Boden? Und zu guter Letzt: Hat er einen Football-Move mit dem Ball in der Hand durchgeführt?

Die Pro Football Hall of Fame

Die Halle für die größten Legenden des Spiels

9

So wie jede der großen vier Sportarten in den USA verfügt auch der Profi-Football neben Baseball, Basketball und Eishockey über seine eigene Hall of Fame. Zusätzlich zu Spielern können auch Coaches, Manager und Teambesitzer in die Hall of Fame gewählt werden, die Spieler müssen ihre aktive Karriere allerdings seit fünf Jahren beendet haben, um aufgenommen zu werden. Alle Hall-of-Famer erhalten in Canton, wo die Pro Football Hall of Fame bei ihrer Gründung 1963 errichtet wurde, ein goldenes Jackett überreicht sowie eine goldene Büste zu ihren Ehren. Dass die Wahl 1963 auf das eher beschauliche Städtchen in Ohio fiel, mag überraschen, die Hall of Fame erinnert so allerdings stets an die Gründung der NFL, die am 17. September 1920 in Canton erfolgte. Heute fasst die Halle beinahe 11.000 Quadratmeter und damit rund sechsmal so viel wie noch bei ihrer Gründung. Mit 34 Spielern in der Hall of Fame halten die Chicago Bears bis heute den Rekord.

Gewählt werden die Geehrten dabei stets von einem 48-köpfigen Komitee, das größtenteils aus Sportreportern aus dem ganzen Land besteht, jede Stadt stellt dabei einen lokalen Journalisten pro Team, das in der jeweiligen Gemeinde ansässig ist.

Ed Reed posiert neben seiner Hall-of-Fame-Büste.

Die Auswahl soll stets ausschließlich aufgrund von sportlichen Aspekten erfolgen – eine Richtlinie, die in den vergangenen Jahren mehr und mehr in die Kritik geriet. Besonders 2016 wurde diese Vorgabe für die Auswählenden heftig diskutiert: Mit Darren Sharper wurde in diesem Jahr – fünf Jahre nach dessen Karriereende – einer der besten Safeties des vergangenen Jahrzehnts wählbar. Sharper war allerdings noch im gleichen Jahr wegen mehrfacher Vergewaltigung zu 20 Jahren Gefängnis verurteilt worden. Auch wenn Sharper damals nicht offiziell als untauglich für die Hall of Fame erklärt wurde, ist er bis heute kein Teil des elitären Kreises geworden.

Der NFL Draft

Das Auswahlverfahren der größten Talente

Im NFL Draft können alle qualifizierten Spieler, die noch nie einen Vertrag bei einem NFL-Team unterschrieben haben, von einer der Mannschaften ausgewählt werden. Außer in wenigen Ausnahmen betrifft dies Spieler, die zuvor auf dem College aktiv waren. Die NFL-Regularien schreiben allerdings vor, dass der High-School-Abschluss der

Nummer-eins-Picks seit 2011

2020: Joe Burrow, Cincinnati Bengals, QB
2019: Arizona Cardinals, Kyler Murray, QB
2018: Cleveland Browns, Baker Mayfield, QB
2017: Cleveland Browns, Myles Garrett, ED
2016: Los Angeles Rams, Jared Goff, QB
2015: Tampa Bay Buccaneer, Jameis Winston, QB
2014: Houston Texans, Jadeveon Clowney, ED
2013: Kansas City Chiefs, Eric Fisher, OT
2012: Indianapolis Colts, Andrew Luck, QB
2011: Carolina Panthers, Cam Newton, QB

Spieler mindestens drei Jahre zurückliegen muss, zuvor darf sich niemand für den Draft anmelden. Heute umfasst der NFL Draft sieben Runden, in denen jedes Team jeweils einen Pick erhält. Das Team mit der schlechtesten Bilanz der Vorsaison bekommt dabei den ersten Pick, das zweitschlechteste erhält den zweiten Pick und so weiter bis zum 32. Pick der Runde. Im Fall eines Unentschiedens entscheidet die kombinierte Bilanz der Gegner in der vergangenen Saison, welches Team den höheren der Picks erhält, die sogenannte Strength of Schedule.

Wie auch in den anderen großen US-amerikanischen Sportligen, dient der NFL Draft also auch dem Zweck, die schwächsten Teams der Liga zu stärken, um eine Ausgeglichenheit zu gewährleisten. Die Teams können zudem ihre Picks in Trades an andere Teams abgeben oder die Picks anderer Teams erhalten. So durften die Oakland Raiders im NFL Draft 2019 gleich drei Spieler in der ersten Runde auswählen, nachdem das Team Khalil Mack und Amari Cooper zuvor getradet hatte. Eine Besonderheit im NFL Draft stellen obendrein die Compensatory Picks dar. Diese Picks sind zusätzliche Auswahlmöglichkeiten am Ende der dritten, vierten, fünften, sechsten und siebten Draft-Runde. Compensatory Picks werden nach einer komplizierten und öffentlich nicht bekannten Formel vergeben und sollen die Teams, die im Jahr zuvor besonders gute Spieler als Free Agents gehen lassen mussten, entschädigen. Im Jahr 2019 durften erstmals auch die Compensatory Picks, genau wie die normalen Picks, per Trade gehandelt werden.

Die Heisman-Trophäe

Auszeichnung für den besten Collegespieler des Landes

11

Der Most Valuable Player Award dürfte den meisten Football-fans ein Begriff sein. Die Auszeichnung für den Defensive Player of the Year dürfte zudem ebenso selbsterklärend sein wie die für den Rookie of the Year. Aber die Heisman-Trophäe? Da könnte es schon kniffliger werden. Dabei zählt der Award zu den prestigeträchtigsten der Footballwelt. Der große Unterschied zu den vorher genannten Auszeichnungen: Im Gegensatz zu diesen wird die Heisman-Trophäe nicht an einen Profi verliehen.

Die Trophäe des Heisman-Gewinners 2019 Joe Burrow

Abstimmung durch Journalisten und Ehemalige

Tatsächlich erhält Jahr für Jahr der herausragendste Collegespieler der abgelaufenen Saison die begehrte Trophäe. Gewählt wird dieser in erster Linie von Medienvertretern, jeweils 145 Journalisten aus sechs verschiedenen Regionen der USA erhalten dabei eine Stimme. Dazu kommen 57 weitere Stimmen, die von ehemaligen Gewinnern des Awards vergeben werden können, sowie eine Stimme, die durch eine Abstimmung unter allen Fans zusammengesetzt wird.

Kontroverse um Reggie Bush

Besonders erwähnenswerte Sieger sind Archie Griffin, der die Trophäe 1974 und 1975 als einziger Spieler überhaupt zweimal gewinnen konnte, Charles Woodson, der 1997 als erster und bis heute einziger Verteidiger zum Sieger gekürt wurde sowie Reggie Bush, der 2005 mit 2541 Punkten das damals höchste Ergebnis aller Zeiten erhielt, den Award aufgrund von Verstößen gegen NCAA-Regularien fünf Jahre später jedoch wieder zurückgeben musste. Die ganz großen Legenden des Sports sucht man allerdings bis heute weitestgehend vergeblich unter den Heisman-Gewinnern. Roger Staubach und Barry Sanders gewannen die Heisman-Trophäe und zählten auch in der NFL zu den besten Spielern ihrer Zeit, bilden damit jedoch eine Ausnahme. Einer der Kandidaten, die diesen Status in den kommenden Jahren verändern könnte, ist allerdings Lamar Jackson: Der Quarterback wurde 2016 im Alter von nur 19 Jahren zum Heisman-Sieger gewählt, in der Saison 2019 zeichnete ihn dann auch die NFL als ihren MVP aus.

Reggie Bush mit der Heisman-Trophäe 2005

George Halas

Gründer, Spieler, Trainer, Legende

12

Niemand prägte die NFL in den ersten 50 Jahren ihrer Existenz stärker als George Halas. Der Hall-of-Famer zählte 1920 zu den Gründungsmitgliedern der Liga und war dennoch bis in die 1970er-Jahre direkt an ihrem Geschehen beteiligt. Halas gründete die Decatur Staleys, wählte ihre Teamfarben aus und zog nur ein Jahr nach der Gründung mitsamt des Teams nach Chicago um, wo es in die heute noch existierenden Bears umbenannt wurde.

73:0-Sieg über Washington

Doch Halas war nicht nur Gründer und Besitzer, er war – aus heutiger Sicht kaum zu glauben – gleichzeitig auch Spieler und Head Coach des Teams, das 1921 erstmals den nationalen Titel gewinnen sollte. »Mr. Everything« stieß zahlreiche der Veränderungen, die die Popularität der NFL nach ihrer Gründung rasant ansteigen ließen, mit an. 1925 war er

George Halas nach dem 73:0-Sieg der Bears über die Redskins auf den Schultern seiner Spieler

Die Statue von George Halas vor dem Stadion der Chicago Bears

es zudem, der College-Star Red Grange zu einem Wechsel zu den Bears überreden konnte. Grange sollte der erste große Name im Sport werden, der sich für eine Profikarriere in der NFL entschied.

Doch auch taktisch zählte Halas zu den Größten seiner Zeit. Ende der 1930er-Jahre installierte er die auf verschiedenen Optionen für den Quarterback basierende T-Formation in Chicago und führte seine Bears so zum bis heute höchsten Sieg der Ligageschichte (73:0 gegen die Washington Redskins) sowie zu drei Titeln in sieben Jahren. Als erster Coach überhaupt führte Halas tägliche Trainingseinheiten und das Studieren gegnerischer Teams anhand von Videoaufnahmen ein und legte damit den Grundstein für die heute noch existente Spielvorbereitung der NFL-Teams.

Bears gedenken ihm noch heute

Erst 1967 – nach mehr als 40 Jahren als Head Coach in der NFL – trat Halas von seinem Amt zurück und fungierte fortan nur noch als Teambesitzer, ehe er 1983 schließlich im Alter von 88 Jahren verstarb. »Papa Bear«, wie einige seiner Spieler ihn nannten, gilt als einer der größten Pioniere und Legenden des American Football. Die Chicago Bears gedenken Halas daher in besonderer Art und Weise: Noch heute prangen Halas' Initialen auf dem linken Ärmel eines jeden Bears-Trikots: »GSH« – George Stanley Halas.

George Preston Marshall

Pionier und Rassist

13

George Preston Marshall war einer der ersten Teambesitzer in der NFL. Er galt als Football-Pionier und wurde später in die Hall of Fame gewählt. Doch sein Wirken hatte nicht nur gute Seiten. Marshall gründete 1932 zunächst die Boston Braves, benannte sie kurz darauf jedoch in Redskins um und zog nur wenige Jahre später mit seinem Team nach Washington D.C. Gemeinsam mit George Halas war Marshall die treibende Kraft hinter zahlreichen Struktur- und Regeländerungen in der NFL, die die Popularität der relativ jungen Liga rasant ansteigen ließen. Als erstes Team überhaupt nutzten die Redskins Halbzeitshows und eine Marching Band – Elemente, die im College-Football bereits fest zu jedem Spiel gehörten.

Doch mit Marshall begann auch der Ausschluss afroamerikanischer Spieler aus der NFL. Selbst als alle anderen Teams nach dem Zweiten Weltkrieg wieder auf schwarze Spieler zurückgriffen, weigerte sich der Redskins-Besitzer entschieden. Marshall hatte selbst rassistische Überzeugungen, er hoffte allerdings auch durch das Alleinstellungsmerkmal seines Teams mehr Anhänger im Süden der USA zu gewinnen. 1962 zwang ihn die US-Regierung schließlich dazu, einen Afroamerikaner unter Vertrag zu nehmen. Marshalls Redskins wählten im NFL Draft Ernie Davis aus, der erklärte jedoch öffentlich, nicht für »Hurensohn« Marshall spielen zu wollen. Der erste schwarze Spieler im Team der Redskins wurde schließlich Bobby Mitchell. Der spätere Hall-of-Famer kam per Trade im Gegenzug für Davis nach Washington.

Bis 2020 stand eine Gedenktafel für den verstorbenen George Preston Marshall vor dem Stadion der Washington Redskins. In der Folge der landesweiten Proteste gegen Rassismus und Polizeigewalt wurde diese schließlich abgebaut.

»The Greatest Game ever played«

Das Spiel, das den Football-Boom in den USA auslöste

Football ist im 21. Jahrhundert eine der populärsten Sportarten der Welt. Der Super Bowl wird allein in den USA Jahr für Jahr von mehr als 100 Millionen Menschen verfolgt, die NFL ist mit ihrem Umsatz von rund 16 Milliarden US-Dollar die umsatzstärkste Sportliga des Planeten. Doch wäre dieser Status ebenso denkbar, wären vor mehr als 60 Jahren nicht die Baltimore Colts im NFL Championship Game auf die New York Giants getroffen? Fraglich.

Erste Verlängerung der NFL-Geschichte

Als erstes Spiel in der NFL-Geschichte wurde die Begegnung 1958 erst in der Verlängerung entschieden. Die Overtime und die damit verbundenen Regeln waren damals dermaßen unbekannt, dass am Ende des letzten Viertels nicht einmal die Spieler selbst wussten, wie das Spiel fortgesetzt werden würde. »Wir standen an der Seitenlinie und haben gewartet, was als Nächstes passieren würde«, erklärte Colts-Quarterback Jonny Unitas später die kuriose Situation. »Plötzlich kamen die Schiedsrichter rüber und sagten: ›Schickt euren Kapitän. Wir werfen eine Münze, um zu sehen, wer den Ball bekommt.‹ Das war das erste Mal, dass wir von der Verlängerung hörten.«

Unitas und seine Colts gewannen das Finalspiel in dramatischer Weise: Der Quarterback führte sein Team über 80 Yards das Feld hinunter, Alan Ameche erzielte schließlich den entscheidenden Touchdown. Unitas hatte alle Spielzüge selbst angesagt, es war die Geburt des Two-Minute-Drills, wie er heute noch in der NFL existiert. Ihre große Aufmerksamkeit erlangte die Begegnung allerdings insbesondere durch die Tatsache, dass NBC das Spiel landesweit übertrug. Rund 45 Millionen Menschen verfolgten den dramatischen Triumph der Colts live im Fernsehen – ein absolutes Novum zu dieser Zeit. Es folgte ein echter Boom des Sports, die Anzahl der professionellen Teams schoss in die Höhe und mit der AFL entstand die zweite große Footballliga neben der NFL. Auch deshalb bestätigten Medienvertreter den legendären Status des »Greatest Game ever played« im Jahr 2019 einmal mehr: Sie wählten die Begegnung zum besten Spiel in der 100-jährigen Geschichte der NFL.

Vince Lombardi

Der Namensgeber der Super-Bowl-Trophäe

15

Am Ende jeder NFL-Saison reckt das beste Team des Jahres im Konfettiregen nach dem Gewinn des Super Bowls die Trophäe für den Gewinn der Meisterschaft in die Höhe: die Vince Lombardi Trophy. Benannt ist der Pokal nach dem Coach, der ihn 1967 in Super Bowl I erstmals gewann – und dieses Kunststück im darauffolgenden Jahr gleich wiederholte. In seiner ersten Saison als Head Coach der Green Bay Packers führte Lombardi das Team 1959 nach einer enttäuschenden Saison mit nur einem Sieg zu sieben Erfolgen bei nur fünf Niederlagen und wurde zum besten Trainer des Jahres gewählt. Lombardis Energie zog die gesamte Stadt von Anfang an in den Bann: Die Packers spielten jede Begegnung der Saison 1960 vor vollem Haus. Eine Anziehung, die bis heute anhält: Seitdem waren über 60 Jahre alle Heimspiele der Packers restlos ausverkauft.

Nach der Niederlage in seinem ersten NFL-Finale 1960 schwor Lombardi seinem Team damals: »Das wird nie wieder passieren. Ihr werdet kein Finale mehr verlieren« – und er sollte Recht behalten. Die Packers gewannen

Vince Lombardi (r.) an der Seitenlinie

Vince Lombardi während eines Spiels seiner Packers: Lombardi (hinten) freut sich über den Touchdown-Lauf von Boyd Dowler

die Titel 1961 und 1962, in den Saisons 1965 bis 1967 holte Green Bay drei Titel in Serie, darunter auch die ersten beiden Super Bowls der Geschichte. In seiner gesamten Karriere verlor Lombardi nie wieder ein Playoff-Spiel.

Kampf gegen Diskriminierung

Der Hall-of-Famer galt als eisenharter Coach, der von seinen Spielern ausnahmslos höchste Disziplin und Einsatz verlangte. Und doch setzte sich Lombardi, bekennender Christ und Demokrat, leidenschaftlich für die Rechte seiner Spieler ein und förderte sowohl afroamerikanische als auch homosexuelle Athleten in seiner Organisation. Er sehe seine Spieler »nicht als schwarz oder weiß, sondern als grün wie ein Packer«, erklärte Lombardi, der ankündigte, jeden in seinem Team, der in irgendeiner Weise diskriminierend auffallen sollte, vor die Tür zu setzen. Im Amerika der 1960er-Jahre eine geradezu revolutionär fortschrittliche Denkweise. Womöglich hätte Lombardi seinen fünf Meistertrophäen sogar noch weitere hinzufügen können, hätte ihn sein Körper nicht so früh im Stich gelassen. Bereits 1970, nur drei Jahre nach seinem letzten Super-Bowl-Sieg, verstarb der damals 57-Jährige plötzlich an Krebs. Lombardis Ansehen und Respekt innerhalb der Football-Gemeinde war und ist bis heute gewaltig: 1500 Menschen besuchten seine Beerdigung, bereits unmittelbar nach seinem Tod wurde die Super-Bowl-Trophäe ihm zu Ehren neu benannt. Bis heute käme niemand auf die Idee, daran etwas zu ändern.

Zusammenschluss NFL und AFL

Wie Lamar Hunt einen Football-Konkurrenzkampf auslöste

16

Die NFL steht im Jahr 2020 konkurrenzlos an der Spitze der American-Football-Landschaft. Keine andere Footballliga kommt auch nur annähernd an ihren Status heran. Vor rund 60 Jahren war die Situation allerdings eine gänzlich andere. Ein Gegenspieler erhob sich als Rivale der NFL und war drauf und dran, der etablierten Liga den Rang als größte Footballliga der Welt abzulaufen. Erst ein Zusammenschluss beendete die Koexistenz der beiden Konkurrenten.

Hunt gründet seine eigene Liga

Diese Geschichte beginnt im Jahr 1959 mit den ambitionierten Plänen eines Sprösslings des texanischen Ölmagnaten H. L. Hunt: Lamar Hunt wollte damals um jeden Preis sein eigenes Footballteam in Dallas aufbauen. Als die NFL seine Pläne einer Erweiterung der Liga ablehnte, schlug Hunt einen anderen Weg ein – und gründete kurzerhand seine eigene Liga. Als die American Football League im Jahr 1960 startete, waren mit den Patriots, den Bills, den Titans, den Oilers, den Broncos, den Raiders, den Chargers und Hunts Texans bereits acht Teams ein Teil von ihr, nur wenig später kamen die Dolphins sowie die Bengals dazu.

Konkurrenzkampf wird zum Problem

Von diesem Tag an kämpften die NFL und die AFL um die größten Talente des Landes und versuchten, diese mit hochdotierten Gehaltsschecks von der eigenen Liga zu überzeugen. Das große Problem für die etablierte NFL: Hunt hatte Teambesitzer um sich geschart, die nicht nur sehr reich waren, sondern die obendrein auch bereit waren, diesen Reichtum einzusetzen, um die hohen Verluste der neu gegründeten Mannschaften in den ersten Jahren aufzufangen. Weil sie den Kampf um die Spieler nicht eskalieren lassen wollten, hielten sich die Teams aus beiden Ligen an ein Gentleman's Agreement: Athleten, die sich einmal für eine der beiden Ligen entschieden hatten, sollten nicht wieder abgeworben werden. Die Regel hatte Bestand, bis die New York Giants sie 1966 brachen, um Kicker Pete Gogolak von den Buffalo Bills abzuwerben. Die AFL antwortete prompt und nahm zahlreiche Stars aus der NFL unter Vertrag. Die Gehälter schossen in die Höhe und der Konkurrenzkampf entwickelte sich mehr und mehr zu einem Problem für beide Seiten.

Aus Angst um die eigene Rentabilität ging die NFL schließlich auf die AFL zu. Der Vorschlag: ein Zusammenschluss der beiden großen Rivalen. Bereits wenige Monate später wurden die Verhandlungen abgeschlossen, ab sofort sollte am Ende jeder Saison der Meister in einem Duell der Sieger der NFL und der AFL ausgespielt werden. Ab 1970 schlossen sich die beiden einstigen Rivalen endgültig zu einer gemeinsamen Liga mit zwei Conferences, der AFC und der NFC, zusammen. Die große Ausgeglichenheit zwischen den beiden Ligen spiegelte sich auch in den Resultaten der ersten AFL-NFL World Championship Games wider: Nachdem die Green Bay Packers aus der NFL in den ersten beiden Finalspielen als Sieger vom Platz gegangen waren, setzten sich mit den New York Jets und den Kansas City Chiefs in den letzten beiden Jahren vor der Fusion Mannschaften aus der AFL durch. Hunt konnte somit doppelt zufrieden sein. Er hatte nicht nur einen Zusammenschluss mit der großen NFL erreicht, sein Team gewann auch einen der ersten nationalen Titel für die jüngere der beiden Ligen: Die Chiefs waren 1963 aus den Dallas Texans hervorgegangen.

Die Statue von Lamar Hunt vor dem Arrowhead Stadium

Super Bowl I

Die erste Ausgabe des großen Endspiels

17

Als erstes offizielles Spiel zwischen einem NFL- und einem AFL-Team brachte Super Bowl I 1967 zahlreiche Besonderheiten und Kuriositäten mit sich. Ein Beispiel: Als erstes Match überhaupt übertrugen mit CBS, das die NFL-Spiele zeigte, und NBC, wo die Spiele der AFL liefen, zwei Sender das Spiel simultan. Die ungewohnte Situation ging sogar so weit, dass sich CBS-Reporter Pat Summerall und NBCs George Ratterman bei der Übergabe der Trophäe nach dem Spiel tatsächlich ein und dasselbe Mikrofon teilen mussten. Des Weiteren wurde das Endspiel – aus heutiger Sicht geradezu unvorstellbar – mit zwei verschiedenen Bällen gespielt: Die Packers nutzten bei ihren Drives den in der NFL bewährten »Wilson The Duke«, während die Chiefs auf den AFL-Ball »Spalding J5V« zurückgriffen.

Aufgrund der besonderen Situation des ersten Aufeinandertreffens zwischen zwei Teams der beiden rivalisierenden Ligen stellte der Super Bowl ein enorm prestigeträchtiges Spiel dar. Besonders die Packers, die als Vertreter der NFL als der Favorit in der Begegnung angesehen wurden, verspürten einen enormen Druck auf ihren Schultern. CBS-Reporter Frank Gifford erinnerte sich später, dass Packers-Coach Vince Lombardi sich vor dem Spiel kaum auf den Beinen habe halten können und vor Nervosität gezittert habe wie ein Blatt. Doch selbst die als Außenseiter angesehenen Chiefs gingen hoch angespannt in das Match. »Sie hatten Todesangst. Einige haben sich noch in dem Spielertunnel übergeben müssen«, erzählte Kansas Citys Linebacker E. J. Holub.

Bart Starr, MVP von Super Bowl I, mit dem Ball

Letztlich wurden die Packers ihrem Favoritenstatus gerecht: Nachdem die Chiefs das Spiel in der ersten Halbzeit noch überraschend eng gestalten konnten, gelangen Green Bay im zweiten Durchgang 21 Punkte in Serie, sodass das NFL-Team sich mit 35:10 zum ersten ligaübergreifenden Champion krönen konnte. Allzu lange musste Kansas City allerdings nicht auf seine Rache warten: Nur drei Jahre später gewannen die Chiefs den letzten Super Bowl vor der endgültigen Fusion der beiden Ligen.

Jim Brown

Der wohl dominanteste Runner aller Zeiten

»Wenn Running Backs in einem Raum zusammenkommen, dann diskutieren sie nicht darüber, wer der beste [aller Zeiten] ist«, sagte Jim Brown einst. Was er nicht aussprach: Wir wissen doch ohnehin alle, dass ich es bin. Der Superstar der Cleveland Browns aus den 1960er-Jahren gilt nicht nur als der größte Runner seiner Zeit, viele halten ihn sogar für einen der besten Spieler, die jemals ein Footballfeld betreten haben. In nur neun Jahren in der NFL schaffte es Brown neunmal in den Pro Bowl, führte die Liga achtmal in Rushing Yards an und wurde dreimal zum MVP gewählt.

Bereits auf dem College stach Brown als herausragender Athlet hervor. Der Youngster war nicht nur ein dominanter Running

Statue von Jim Brown vor dem Stadion der Cleveland Browns

Back, auch in Basketball, Leichtathletik und ganz besonders Lacrosse zählte er zu den besten Spielern seiner Schule. In der NFL benötigte er gerade einmal neun Spiele, um einen neuen Rekord für die meisten Rushing Yards in einer Partie aufzustellen, bereits in seinem zweiten Jahr brach er auch den Rekord für die meisten Rushing Yards in einer Saison. Als Brown seine Karriere 1970 – ein Jahr, nachdem er sich im Super Bowl erstmals zum Champion gekürt hatte –, beendete, hatte er die meisten Yards und Touchdowns in der Geschichte der Liga auf dem Konto. Und das, obwohl er zu diesem Zeitpunkt gerade einmal 29 Jahre alt war.

Nach seiner aktiven Karriere begann für Brown eine erfolgreiche Zeit als Schauspieler. Wie viel zu viele andere ehemalige Footballstars sorgte allerdings auch er für zahlreiche negative Schlagzeilen abseits des Platzes: Brown wurde in mehreren Fällen Körperverletzung, häusliche Gewalt und sogar Vergewaltigung vorgeworfen. 2000 verbrachte er drei Monate im Gefängnis. Seinen Status als der wohl dominanteste Runner aller Zeiten hat der Hall-of-Famer dennoch bis heute behalten. »Brown sagte mir einst: Wenn dich jemand tackelt, dann sorge dafür, dass er sich daran erinnert, wie sehr dies geschmerzt hat«, verriet Colts-Tight-End John Mackey später. Man kann sich sicher sein: Browns Gegenspieler haben sich an ihn erinnert.

Air Coryell

Wie ein College-Coach den Football fundamental veränderte

19

Die Liste der großen Coaches in der Geschichte des American Football ist lang. Vince Lombardi, Bill Walsh und Bill Belichick sind nur eine kleine Auswahl der legendären Trainer, die jemals ein Footballfeld betreten haben. Ein Name, der allerdings fast nie in einer Reihe mit diesen bedeutenden Trainern genannt wird, ist Don Coryell. Selbst große Fans des Spiels haben teilweise nie von ihm gehört. Und das, obwohl nur wenige Personen im 20. Jahrhundert einen größeren Einfluss auf die Entwicklung des Spiels gehabt haben dürften als er. Um nachvollziehen zu können, wie es dazu kam, müssen wir mehr als ein halbes Jahrhundert zurückgehen.

In den 1960er-Jahren arbeitete Coryell als Head Coach der San Diego State University. Seine Teams waren stets erfolgreich, aber ein-, zwei- oder

Don Coryell beim Training der San Diego Chargers

dreimal im Jahr mussten sich die Aztecs dann doch immer geschlagen geben. Die besten Athleten in Kalifornien entschieden sich Jahr für Jahr für die Konkurrenz von USC oder UCLA. Im physischen, von Running und Blocking geprägten Spiel, hatte Coryell mit den ihm zur Verfügung stehenden Spielern gegen die größeren Schulen schlicht keine Chance.

Coryell revolutioniert den Football

Doch der Status quo war für den ehemaligen Verteidiger nicht zu akzeptieren. Coryell wollte einen Weg finden, um auch ohne physische Dominanz seiner Spieler erfolgreich zu sein – und revolutionierte so die Art, wie Teams Football spielen. Er entwarf ein völlig neues Offensivsystem, das in erster Linie über den Pass funktionieren sollte – zu dieser Zeit außergewöhnlich. Coryell stellte oft vier Wide Receiver gleichzeitig auf und ließ diese in erster Linie vertikale Routen laufen. Der vielleicht revolutionärste Aspekt des gesamten Systems war allerdings die Terminologie: Coryell wies sowohl den Outside- als auch den Inside-Receivern jeweils neun Routen zu, die durchnummeriert wurden. Dementsprechend lauteten die Spielzüge seiner Teams schlicht und ergreifend 356 oder 989. Es war ein System, das durch seine Einfachheit bestach. »Du kannst jemandem das ganze Ding in zwei Tagen beibringen«, meinte Coryell selbst.

Der Erfolg war überwältigend: Mit den Aztecs gewann Coryell zwischen 1967 und 1969 31 Spiele in Serie und beendete drei Saisons ungeschlagen. Nach elf Jahren in San Diego zog es ihn schließlich in die NFL, wo er erst den St. Louis Cardinals und anschließend den San Diego Chargers mehrere Division-Titel bescherte. Mit Quarterback Dan Fouts führten die Chargers unter Coryell die NFL sechs Jahre in Serie in Passing Yards an.

Noch größer als all seine Erfolge auf dem College- und dem NFL-Level ist jedoch Coryells Vermächtnis: Die herausragende Offense der Dallas Cowboys mit Troy Aikman und Michael Irvin in den 1990er-Jahren spielte unter Norv Turner eine modifizierte Variante von Coryells Offensivsystem, Mike Martz, Architekt der »Greatest Show on Turf«, nannte Coryell einst den »Patenonkel des heutigen Passspiels«. Tatsächlich sind die Kernelemente von Coryells Spielzügen sowie seiner Terminologie noch heute Bestandteil zahlreicher Offensiven in der NFL. Sein Einfluss auf die Entwicklung des American Football kann kaum überschätzt werden. Und doch blieb dem Coach die gebührende Anerkennung stets verwehrt. Am 1. Juli 2010 verstarb Coryell im Alter von 85 Jahren – ohne jemals in die Pro Football Hall of Fame aufgenommen worden zu sein.

Die West Coast Offense

Bill Walsh erschafft eine neue Art Offensiv-Football

20

Die so genannte West Coast Offense zählt ohne Frage zu den bekanntesten Philosophien im American Football. Kaum eine Football-Übertragung vergeht, ohne dass das System von den Kommentatoren zumindest gestreift wird. Dabei hatte die vom legendären Bill Walsh entworfene Offense ursprünglich überhaupt nichts mit der US-amerikanischen Westküste zu tun. Tatsächlich beruht die Namensgebung des heute so allgegenwärtigen Systems auf nichts anderem als einer Verwechslung, wie Tim Layden in seinem Buch *Blood, Sweat and Chalk* aufzeigte: Bernie Kosar, Backup-Quarterback der Dallas Cowboys, bezeichnete die Cowboys Offense in einem Interview 1993 als West Coast Offense – allerdings spielte das Team damals etwas gänzlich anderes als das, was heute jedes Kind in den USA als West Coast Offense kennt. Dallas' Offense hatte seine Wurzeln in den 1990ern in der Air-Coryell-Philosophie, die tatsächlich in San Diego, also an der Westküste, entwickelt worden war. Kosars Bezeichnung wurde in den Folgejahren jedoch unsauber übernommen und verbreitet.

Erfindung aus der Not heraus

Walshs West Coast Offense fand ihren Ursprung im Sommer 1969 in Cincinnati, mehr als 3000 Kilometer von der Westküste entfernt. Walsh arbeitete damals als relativ unerfahrener Assistenztrainer für die Bengals und war mit der aufregenden Aufgabe betraut worden, eine Offense rund um den hochtalentierten Rookie-Quarterback Greg Cook zu entwerfen. Das Problem: Der herausragende Athlet riss sich gleich in seinem ersten Jahr in der NFL die Rotatorenmanschette in der Schulter und startete nie wieder in einem Profispiel. Statt mit Cook musste Walsh plötzlich mit Virgil Carter, einem Quarterback, der nicht annähernd über die physischen Möglichkeiten seines Vorgängers verfügte und kaum einen Pass über 20 Yards anbringen konnte, vorliebnehmen. Aus der Not heraus entwarf der junge Trainer ein komplett neues Offensivsystem und revolutionierte den Football so beinahe von Grund auf. Wegen Carters mangelnder Armstärke setzten die Bengals als erstes Team überhaupt auf eine Offense, die vielmehr horizontal als vertikal funktionierte und den kurzen Pass dabei als ein elementares Mittel nutzte. Walsh installierte ein System, das stärker als jede

Offense zuvor über Timing funktionierte. Er synchronisierte alle Routen der Receiver mit den Bewegungen des Quarterbacks und nutzte als erster Trainer überhaupt den Running Back als Passempfänger gegen den Blitz.

Walsh gewinnt dreimal den Super Bowl

Die Erfolge der West Coast Offense konnten sich zwar bereits früh sehen lassen, vollends eroberte Walsh die NFL allerdings erst in seiner Zeit als Head Coach in San Francisco – ironischerweise also doch an der Westküste. Die 49ers wählten gleich in Walshs erster Saison Joe Montana im NFL Draft aus und entwickelten sich zum besten Team ihrer Generation. Zwischen 1981 und 1988 zog Walsh mit seinem Team siebenmal in die Playoffs ein, gewann sechsmal die eigene Division und holte drei Super-Bowl-Titel.

Dass die West Coast Offense noch heute regelmäßig von Experten und Kommentatoren erwähnt wird, ist dabei kein Zufall: Wohl kaum ein Trainer konnte jemals einen derart beeindruckenden »Coaching-Stammbaum« vorweisen wie Walsh. Große Coaches wie Mike Shanahan oder Jon Gruden übernahmen Kernelemente von seinem System und gewannen selbst einen Super Bowl. Noch heute setzen zahlreiche NFL-Head-Coaches wie Gruden, Andy Reid oder Kyle Shanahan im Grundsatz auf die Ideen, die vor mehr als 50 Jahren von Walsh erdacht wurden. In Cincinnati. Nicht an der Westküste.

Bill Walsh mit Joe Montana an der Seitenlinie der San Francisco 49ers

Don Shula

Mehr als 30 Jahre unter den Besten der NFL

21

Als Carroll Rosenbloom, Besitzer der Baltimore Colts, 1963 den erst 33-jährigen Don Shula als neuen Head Coach seines Teams vorstellte, staunte die Sportwelt nicht schlecht. Shula war nicht nur der jüngste Trainer der Liga, bei den Colts traf er obendrein auf zahlreiche Spieler, unter anderem Star-Quarterback Johnny Unitas, mit denen er nur fünf Jahre zuvor noch gemeinsam auf dem Footballfeld gestanden hatte. Shula mochte nie ein besonders herausragender Spieler gewesen sein und seine Entscheidung daher als großes Wagnis angesehen werden, gab Rosenbloom zu. Doch er betonte auch: »Er hat sich immer von allem ein Bild gemacht, hat immer über Football geredet. Er wollte schon immer ein Coach sein.«

Frühe Super-Bowl-Niederlage

Rosenbloom sollte seinen Beschluss nicht bereuen: Shula führte die Colts gleich in seiner ersten Saison zu zwölf Siegen und dem Einzug ins NFL Championship Game, am Saisonende wurde er sogar zum Coach des Jahres gewählt. In den folgenden fünf Jahren gewann Baltimore stets mindestens acht Spiele und zählte zu den besten Teams der Liga. Ein Titel blieb Shula aber vorerst verwehrt: 1968 unterlag er in Super Bowl III den New York Jets, erst 1970, ausgerechnet der ersten Saison der Colts ohne Shula an der Seitenlinie, krönten sich Unitas und Co. zum NFL Champion. Doch: Shulas erfolgreichste Jahre sollten ihm noch bevorstehen.

25 Jahre Coach der Dolphins

In Miami formte er mit Beginn der 1970er-Jahre eines der dominantesten Teams aller Zeiten. Angeführt von einem starken Running Game, einer guten Offensive Line sowie einer der besten Defenses der Liga, zogen die Dolphins dreimal in Serie in den Super Bowl ein und gewannen diesen 1972 und 1973. Im ersten der beiden Jahre krönten sich die Dolphins zudem zum bis heute einzigen ungeschlagenen Champion der NFL-Geschichte. 25 Jahre lang blieb Shula Miamis Head Coach, das Team zählte Saison für Saison fast ausnahmslos zu den besseren Mannschaften der Liga – auch weil Shula stets mit der Zeit ging: In den 1980ern stellte er seine taktische Ausrichtung grundlegend um und richtete diese auf die Qualitäten seines neuen Star-Spielers Dan Marino aus. Plötzlich vertrauten die

Dolphins auf eine Offense, die vornehmlich über den Pass, nicht durch den Run dominierte.

In Miami als Held verehrt

1983 stand die NFL kurz davor, ihren dienstältesten Coach zu verlieren. Donald Trump, damals Besitzer der New Jersey Generals in der USFL, lockte den Meistercoach mit einer Verzehnfachung seines Gehalts, Shula stand angeblich unmittelbar vor einer Unterschrift, als Trump Details der Vertragsverhandlungen an die Presse weitergab. Shula fühlte sich verraten und blieb trotz so mancher Differenzen mit Dolphins-Besitzer Joe Robbie in Miami. Die Stadt dankt es ihm bis heute: Unter anderem sind eine Autobahn und ein College Bowl Game in Miami nach Shula benannt, seit dem 31. Januar 2010 erinnert zudem eine Statue vor dem Stadion der Dolphins an sein Wirken. Noch heute hält der langjährige Trainer zahlreiche NFL-Rekorde, darunter die meisten Spiele und die meisten Siege eines Coaches in der Ligageschichte. Doch auch Shulas anhaltender Misserfolg in den ganz großen Spielen – seine zwei Super-Bowl-Siege vor fast 50 Jahren bilden die große Ausnahme – bleiben in Erinnerung. So hält der Hall-of-Famer auch einen wenig erstrebenswerten Rekord: Vier Super Bowls verlor Shula während seiner Karriere. Kein Coach unterlag häufiger in dem großen Finale.

Don Shula an der Seitenlinie der Dolphins

Die perfekte Saison

Als die Miami Dolphins ungeschlagen den Super Bowl gewannen

22

Gleich zweimal mussten sich die Miami Dolphins in ihrem Trainingslager im Sommer 1972 ihre schwerste Niederlage ansehen. Nachdem sie sich im Super Bowl den Dallas Cowboys hatten geschlagen geben müssen, schwor Head Coach Don Shula, den Titel in der darauffolgenden Saison nach Florida zu holen. Sein Team mit dieser Niederlage zu konfrontieren, war für ihn der erste Schritt zu diesem Ziel. Und er sollte erfolgreich sein.

Ein bis heute unerreichter Erfolg

Von 1970 bis 1974 bildeten die Dolphins die dominanteste Mannschaft ihrer Zeit. Sie zogen fünfmal in Folge in die Playoffs ein, gewannen drei Jahre hintereinander die AFC und 1972 und 1973 den Super Bowl. Ihren größten Erfolg stellte dabei ohne Zweifel der erste der beiden Titel dar: Es war die perfekte Saison. Miami gewann alle 14 Spiele der Regular Season, zog bis in den Super Bowl ein und setzte sich dort ultimativ gegen die Washington Redskins durch. Es war ein Triumph, der zuvor keinem Team in der Football-Geschichte gelungen war – und bis heute nicht wiederholt werden konnte. Die New England Patriots kamen diesem Ziel 2007 bislang am nächsten: Sie gewannen alle 16 Saisonspiele und zogen in den Super Bowl ein, nur um dort sensationell den New York Giants zu unterliegen.

Offensiv und defensiv dominant

Angeführt von einer dominanten Offensive Line mit zwei späteren Hall-of-Famern in Jim Langer und Larry Little sowie seinen herausragenden Running Backs Larry Csonka und Mercury Morris, die in dieser Saison beide für mehr als 1000 Yards liefen, walzte die Offense der Dolphins 1972 über ihre Gegner hinweg. Doch auch die Defense, die aufgrund ihres Schattendaseins hinter den Stars in der Offensive oft als No-Name-Defense tituliert wurde, zählte zu den besten der Liga. Als erstes Team überhaupt erzielten die Dol-

phins in einer Saison die meisten Punkte und ließen gleichzeitig die wenigsten zu.

Ins Weiße Haus, wo die Champions der großen Sportligen heutzutage standesgemäß empfangen werden, wurde Miami trotz seiner herausragenden Leistung nicht eingeladen – bis zum 20. August 2013, als Barack Obama dieses Versäumnis mehr als vier Jahrzehnte im Nachhinein nachholte. Obama, ein glühender Chicago-Anhänger, hatte das Bears-Team, das 1985 den NFL-Titel gewonnen hatte, wenige Jahre zuvor zum besten Team aller Zeiten gekürt. Beim Besuch der Dolphins musste der US-Präsident jedoch etwas zerknirscht eingestehen: Das beste Team aller Zeiten? Vielleicht war es doch nicht Chicago gewesen. Sondern Miami. In der perfekten Saison 1972.

Das Team der Dolphins von 1972 bei ihrem Besuch im Weißen Haus 2013

Roger Staubach und die Hail Mary

23

Wie ein Quarterback einen bis dahin unbekannten Begriff prägte

Roger Staubach zählt im Jahr 2020 wohl zu den populärsten Quarterbacks, die jemals in der NFL spielten. Er gewann am College bei den Navy Midshipmen die Heisman-Trophäe für den besten Spieler, zog fünfmal in den Super Bowl ein, gewann diesen zweimal und wurde von Medien und Fans aufgrund zahlreicher Last-Minute-Siege in der NFL »Captain Comeback« getauft.

»Captain Comeback« schlägt erneut zu

Es ist somit kein Zufall, dass sich auch Staubachs berühmtester Moment auf einem NFL-Feld in den letzten Sekunden eines knappen Sieges seiner Dallas Cowboys ereignete. Im Divisional-Playoff-Spiel gegen die Minnesota Vikings lagen die Cowboys 1975 wenige Sekunden vor dem Ende mit 10:14 zurück. Staubach feuerte einen 50-Yard-Pass auf Wide Receiver Drew Pearson, der sich kurz vor der Endzone physisch gegen Gegenspieler Nate Wright durchsetzte, den Ball fing und die wenigen verbleibenden Meter zum Touchdown in die Endzone trug. Die Cowboys gingen mit 17:14 in Front, Dallas gewann und zog wenige Wochen später einmal mehr in den Super Bowl ein.

»Einfach nur eine Hail Mary aufgesagt«

Seinen geradezu legendären Status erhielt Staubachs Pass allerdings erst durch dessen Erklärung nach dem Spiel: »Ich habe einfach nur den Ball in die Luft geworfen, die Augen geschlossen und eine Hail Mary (auf Deutsch: Ave Maria) aufgesagt«, schilderte der gläubige Katholik die Geschehnisse im Anschluss an das spektakuläre Spiel. Der Hail-Mary-Pass war somit geboren. Noch heute zählt die Hail Mary als Bezeichnung für die langen Pässe in den letzten Sekunden eines Spiels oder einer Halbzeit zum Standard-Vokabular eines jeden Footballkommentators oder -fans. Staubach mag zwar nicht die erste Person gewesen sein, die diesen Begriff jemals in einer solchen Situation nutzte, doch er war es, der diesem zu seiner enormen Bekanntheit verhalf und ihn als festen Begriff im Football etablierte.

Ob sein Pass auch in der heutigen NFL hätte erfolgreich sein können, wurde der ehemalige Quarterback viele Jahre später gefragt. Eher nicht, glaubt Staubach: »Die Vorbereitungen, um eine Hail Mary zu verteidigen, sind heute ganz anders. Als Drew den Ball gefangen hat, war überhaupt niemand anderes in der Nähe«, so der Hall-of-Famer. Der einzige Quarterback, der es selbst in der modernen NFL geradezu regelmäßig vermag, erfolgreiche Hail Marys zu werfen, ist Aaron Rodgers. »Er ist es, den wir heute ›Mr. Hail Mary‹ nennen sollten«, meint Staubach. Ein nicht zu unterschätzendes Kompliment. Staubach weiß, wovon er spricht.

Roger Staubach setzt bei einem Spiel seiner Cowboys zum Pass an.

Der Steel Curtain

Die dominante Defense der Pittsburgh Steelers

24

»Von Stettin an der Ostsee bis Triest an der Adria hat sich ein Eiserner Vorhang auf Europa herabgesenkt«, rief der ehemalige britische Premierminister Winston Churchill seinen Zuhörern am 5. März 1946 in Missouri zu. Churchill spielte damals auf den wachsenden Einfluss der Sowjetunion und der Roten Armee in Osteuropa an und läutete so als einer der Ersten den Kalten Krieg zwischen den Vereinigten Staaten von Amerika als Anführer des Westens sowie der Sowjetunion im Osten ein. Der Kalte Krieg wurde mehr als 40 Jahre lang ausgetragen, war die Ursache mehrerer Stellvertreterkriege, führte zum Bau der Berliner Mauer – und gab der Defense der Pittsburgh Steelers in den 1970er-Jahren ihren Spitznamen.

Vier Super-Bowl-Siege in sechs Jahren

Angeführt von ihrer herausragenden Defensive Line, bestehend aus dem zweimaligen Defensive Player of the Year Joe Greene sowie L. C. Greenwood, Ernie Holmes und Dwight White, entwickelten sich die Steelers zur dominantesten Defense dieser Dekade und zu einer der besten Verteidigungsreihen aller Zeiten. In den acht Jahren von 1972 bis 1979 zog Pittsburgh achtmal in die Playoffs ein, gewann viermal den Super Bowl und stellte mit Greene (zweimal), Linebacker Jackie Lambert und Cornerback Mel Blount gleich viermal den Defensive Player of the Year. Bei seinem ersten Super-Bowl-Sieg 1974 hatte der Steel Curtain der Steelers die Minnesota Vikings bei gerade einmal sechs Punkten und 119 Offensiv-Yards gehalten. Entstanden war der ikonische Spitzname, der den politischen »Iron Curtain« mit dem Namen des Teams verband, allerdings bereits drei Jahre zuvor: Bei einem Gewinnspiel, das nach Namensvorschlägen für die herausragende Defensive Line der Steelers suchte, schlugen 1971 gleich 17 Teilnehmer »Steel Curtain« vor, der schließlich zur besten Idee gekürt wurde.

Die beste Defense aller Zeiten?

Seine bis heute legendärste Leistung gelang dem Team dabei jedoch vermutlich in einem Jahr, in dem Pittsburgh den Super Bowl letztlich sogar verpasste: 1976 starteten die Steelers aufgrund einer Verletzung von Star-Quarterback Terry Bradshaw mit vier Niederlagen aus ihren ersten fünf Spielen in die Saison, die Spielzeit schien für den Super-Bowl-Champion der beiden Vorjahre bereits so gut wie gelaufen – ehe der Steel Curtain zu einer bis heute unerreichten Höchstform auflief. Greene, Blount, Lambert und Co. ließen in fünf ihrer verbleibenden neun Saisonspiele null Punkte zu, acht ihrer neun Gegner blieben zudem ohne Touchdown und erzielten weniger als sieben Punkte. Am Saisonende wurden acht von Pittsburghs elf Defensiv-Startern in den Pro Bowl gewählt, ganze vier – Greene, Lambert, Blount und Linebacker Jack Ham – sind heute Mitglieder der Hall of Fame. 2007 erwies ESPN den Steelers von 1976 eine besondere Ehre: Sie wählten das Team zur besten Defense aller Zeiten.

Joe Greene (l.) in einem Spiel gegen die Oakland Raiders

Der Supplemental Draft

Die Alternative zum NFL Draft

25

Der Supplemental Draft ist der kleine, unbekannte »Bruder« des NFL Drafts. Während der klassische Draft eigentlich den Zugang für jegliche Talente zur NFL darstellen soll, existiert mit dem Supplemental Draft noch eine zweite, alternative Methode. Geschaffen wurde diese im Jahr 1977 mit dem Ziel, Spielern, die sich nicht für den normalen Draft angemeldet hatten, die jedoch auch nicht auf dem College-Level zum Einsatz kommen durften, eine zweite Chance zu bieten. In der Praxis betrifft dies in der Regel Athleten, die eigentlich ein weiteres Jahr am College spielen wollten, nach dem Draft jedoch durch eine Sperre von der NCAA daran gehindert wurden.

In der Vergangenheit kam es allerdings auch schon zu kuriosen Konstellationen: So meldete sich Bernie Kosar 1985 nicht für den normalen Draft, sondern für den Supplemental Draft an, um von den Cleveland Browns anstelle der Minnesota Vikings gedraftet werden zu können. Brian Bosworth wählte 1987 den gleichen Weg, um den Indianapolis Colts und den Buffalo Bills aus dem Weg zu gehen, landete dadurch allerdings bei den Seattle Seahawks, für die er zunächst ebenfalls nicht spielen wollte.

Anders als im klassischen Draft bieten die Teams im Supplemental Draft mehr oder weniger für die zur Verfügung stehenden Spieler: Sie teilen der Liga vorab mit, an welchen Spielern sie interessiert sind und was für einen Draft-Pick sie für diesen Spieler abzugeben bereit wären. Bieten zwei Teams einen Pick der gleichen Runde, entscheidet die vorab durchgeführte Lotterie, welche Franchise den Zuschlag erhält. »Bezahlt« wird dabei stets mit den Picks des Drafts im kommenden Jahr.

Während des mehr als 40-jährigen Bestehens des Supplemental Drafts fanden gerade mal 46 Spieler über diesen Weg in die NFL. Mit Cris Carter befindet sich allerdings tatsächlich einer der besten Wide Receiver der NFL-Geschichte in der illustren Runde: Die Philadelphia Eagles sicherten sich die Dienste des Hall-of-Famers 1987 – und mussten dafür gerade mal einen Pick in der vierten Runde opfern.

Im Jahr 1989

wurden fünf Spieler im NFL Supplemental Draft ausgewählt (mehr als in jedem anderen Jahr) und drei Teams setzten sogar einen Erstrundenpick ein. Die Dallas Cowboys wählten Quarterback Steve Walsh aus, die Phoenix Cardinals sicherten sich Quarterback Timm Rosenbach und die Denver Broncos zogen Running Back Bobby Humphrey.

The Miracle at the Meadowlands

Die Niederlage, die die Kneeldowns in der NFL etablierte

Als die New York Giants sich am 10. November 1978 in den letzten Sekunden des Spiels gegen die Philadelphia Eagles beim Stand von 17:12 an der Line of Scrimmage aufstellten, schenkten die Zuschauer dem Geschehen auf dem Spielfeld kaum noch Beachtung. Kommentator Don Criqui bedankte sich an den Fernsehgeräten bereits bei seinem Produktionsteam und sprach über einen Überraschungserfolg der Gastgeber. Doch dieser Erfolg sollte ausbleiben. Giants-Quarterback Joe Pisarcik verlor den Ball, Herman Edwards schnappte sich den Fumble und lief über 26 Yards zurück in die gegnerische Endzone, »I don't believe it!«, schrie Criqui in sein Mikrofon. Der Touchdown brachte die Eagles mit 19:17 in Front, New York hatte den sicher geglaubten Sieg aus der Hand gegeben. Doch wie konnte das passieren?

Giants feuern ihren Offensive Coordinator

Bob Gibson, Offensive Coordinator der Giants, entschied sich damals gegen ein Kneeldown seines Quarterbacks und für »65 Power Up«, einen Laufspielzug für Runing Back Larry Csonka. Als Pisarcik diesen Spielzug an das Team weitergab, soll Csonka jedoch erwidert haben, dass er den Ball nicht haben wolle und sein Quarterback das Play ändern und zum Kneeldown heruntergehen solle. Das Verhältnis zwischen Gibson und Pisarcik galt allerdings als höchst angespannt, dem Quarterback war es verboten, Spielzüge selbst zu verändern. Gibsons Entscheidung blieb somit bestehen und es kam, wie es kommen musste: Csonka nahm den Ball nicht richtig auf, sodass dieser in die Hände der Eagles fiel.

Die Auswirkungen der dramatischen Niederlage waren weitreichend: Gibson wurde nur einen Tag später gefeuert und fand nie wieder Arbeit in der NFL. Es heißt, bis zu seinem Tod habe er nie wieder über seine Entscheidung, einen Laufspielzug ausführen zu lassen, geredet. Die direkten Folgen des Miracles sind bis heute noch in der NFL zu sehen: Erst im Anschluss an Pisarciks Fehler führten Teams die so genannte Victory Formation ein, in der der Quarterback von drei Spielern umgeben wird, die einen eventuellen Fumble sichern sollen.

Joe Montana

Der ultimative Sieger

27

Michael Jordan gilt als der beste Basketballer aller Zeiten. Er ist das Gesicht und das Aushängeschild seines Sports. Im Football war diese Person lange Zeit Joe Montana. Montana war nicht nur der beste und erfolgreichste Spieler seiner Zeit, vor allem glänzte er stets in den größten Spielen und den kritischsten Momenten. Der Quarterback führte seine 49ers zu zahlreichen dramatischen Siegen, und schien stets erst im Super Bowl zu absoluter Höchstleistung aufzulaufen. Mitspieler und Medien tauften Montana »Joe Cool«

Joe Montana im Trikot der San Francisco 49ers

und »Comeback Kid«, Jerry Rice erklärte nach seiner Karriere: »Man wusste: Wenn alles auf dem Spiel steht, wenn nur noch eine Minute zu spielen ist – Joe würde uns nicht im Stich lassen.«

Es waren Qualitäten, die Montana bereits während seiner Collegezeit unter Beweis gestellt hatte. Schon 1975, seinem ersten Jahr als aktiver Spieler für die Universität von Notre Dame, führte er die Fighting Irish zu mehreren fesselnden Siegen. Im Cotton Bowl 1979 bezwang er schließlich die Houston Cougars nach einem 12:34-Rückstand durch einen Touchdown in buchstäblich letzter Sekunde mit 35:34. Montana hatte während des Spiels an einer ernsthaften Unterkühlung gelitten und musste zeitweise mit heißer Hühnersuppe aufgepäppelt werden. Montanas letztes Collegespiel erlangte daher Berühmtheit als das »Chicken Soup Game.«

In der NFL musste sich Montana bei den San Francisco 49ers zunächst zwar mit einem Dasein als Backup abfinden, doch bereits in seiner zweiten Saison wusste der Youngster sein großes Talent anzudeuten. Im Dezember 1980 führte er sein Team erstmals zu einem Comeback-Sieg, endgültig aufsteigen sollte sein Stern am NFL-Himmel jedoch erst ein Jahr später: Am 10. Januar 1982 empfingen die 49ers im NFC Championship Game die Dallas Cowboys. Montanas Pass auf Dwight Clarke in letzter Minute, heute nur noch bekannt als The Catch, garantierte den 49ers nicht nur ihren ersten Super-Bowl-Einzug, er markierte auch das Ende der Dominanz der Cowboys – und den Beginn einer neuen Ära. Im anschließenden Super Bowl krönten sich die Niners mit einem 26:21-Sieg über die Cincinnati Bengals erstmals zum Champion, Montana wurde als Super Bowl MVP ausgezeichnet und avancierte zum zweiten Quarterback der Footballgeschichte (nach Joe Namath), der sowohl den nationalen College- als auch den Super-Bowl-Titel gewann.

In den folgenden elf Jahren gewannen die 49ers zehnmal mindestens zehn Spiele, zogen neunmal in die Playoffs ein und gewannen drei weitere Male den Super Bowl. Als erstes Team überhaupt sammelte San Francisco 1984 15 Saisonsiege, nach dem anschließenden Super-Bowl-Sieg erklärte Trainerlegende Bill Walsh, Montanas Head Coach, nach nur fünf Jahren in der NFL sei Montana bereits »der größte aktive Quarterback und vielleicht der größte Quarterback aller Zeiten«.

Dabei war Montana nie der athletischste Spieler auf dem Feld, zahlreiche Quarterbacks konnten den Ball kraftvoller und weiter werfen als er. Doch niemand las Defenses so wie Montana, niemand verfügte über ein besseres Timing, niemand verstand das Spiel so gut wie er. »Ich wollte das Spiel wie ein Schachspiel angehen. Ein Zug führt zum nächsten, du wirst nicht immer sofort den König bekommen«, verriet Montana seine Philosophie. »Vier Yards hier, fünf Yards da, zehn Yards hier – das setzt einer Defense

Joe Montana beim 55:10-Sieg seiner 49ers in Super Bowl XXIV

mindestens genauso zu wie ein 70-Yard-Touchdown. Das war mein Stil.« Als Montana seine 49ers in der Saison 1988 zu ihrem dritten Super-Bowl-Sieg führte, sorgte er für einen weiteren ikonischen Moment: Drei Minuten vor dem Ende erhielt San Francisco im Spiel gegen die Bengals den Ball mit drei Punkten Rückstand an der eigenen Acht-Yard-Linie, Montana brachte beim finalen Drive acht seiner neun Pässe für 92 Yards an und warf 34 Sekunden vor dem Ende des Spiels den entscheidenden Touchdown auf John Taylor. Ein Jahr später stellte er bei seinem vierten Super-Bowl-Sieg, diesmal über die Denver Broncos, mit fünf Touchdown-Pässen einen neuen Rekord auf, die darin erzielten 55 Punkte der 49ers sind zudem bis heute eine unerreichte Bestmarke.

Und doch geriet der Status des zweifachen MVPs in seinem eigenen Team ins Wanken. 1987 hatten die 49ers den hochtalentierten Quarterback Steve Young verpflichtet. Trotz ernsthafter Rückenprobleme hielt sich Montana zwar weiter als San Franciscos Starting Quarterback, doch der athletischere Young durfte sich in einzelnen Spielen immer wieder beweisen und überzeugte dabei mehr und mehr. Als sich Montana im NFC Championship Game gegen die New York Giants 1991 schließlich schwer am Ellbogen verletzte, schlug das Pendel endgültig in Richtung von Young aus. Montana verpasste die gesamte anschließende Saison und fast alle Spiele der Saison 1992, in der sich Young zum MVP krönte. Eine Fortsetzung der Koexistenz der beiden Quarterbacks in San Francisco schien ausgeschlossen. Schweren Herzens entschieden sich die 49ers schließlich für den jüngeren der beiden Quarterbacks – und gegen den einst besten Spieler der Welt. Montana wurde zu den Kansas City Chiefs getradet, wo er über zwei Jahre bewies, dass er immer noch erfolgreich spielen konnte: Der 37-Jährige führte sein neues Team zweimal in die Playoffs und zu zwei Playoff-Siegen, ehe er am 18. April 1995 schließlich das Ende seiner Karriere verkündete. Bis heute gilt »Joe Cool« als der wohl beste Super-Bowl-Spieler und vielleicht beste Playoff-Spieler in der Geschichte der NFL. Montana gewann alle vier Super Bowls, die er erreichte, wurde dreimal zum Super Bowl MVP gewählt, warf darin elf Touchdowns und keine einzige Interception. Er war ein Spieler, wie geschaffen für die ganz großen Momente. Genau wie Michael Jordan.

Joe Montana (l.) und Steve Young im Training

Der Streik 1982

Als die NFL-Saison auf neun Spiele gekürzt werden musste

Die Regular Season eines NFL-Teams besteht aus 16 Spielen, anschließend spielen zwölf Teams in den Playoffs den Meister aus. Diese Regeln bestehen in der größten Footballliga der Welt mittlerweile seit mehr als 40 Jahren – mit einer wirklich großen Ausnahme: Im Jahr 1982 wurde die Saison auf gerade mal neun Spiele pro Team gekürzt. Der Grund: ein Streik. Die Union der Spieler, die NFLPA, stellte damals die Forderung einer festen Gehaltsausschüttung von 55 Prozent aller Einnahmen der Liga an die Spieler, welcher die NFL nicht nachkommen wollte.

Der eigentlich geplante Start der Liga für 1982 wurde daher abgesagt. Viele Parteien griffen zu kreativen Mitteln, um das Wegfallen der NFL-Spiele aufzufangen. Einige Spieler veranstalteten eine Art All-Star-Game, zu dem allerdings deutlich weniger Fans als erhofft erschienen, der TV-Sender CBS versuchte die Lücken in seinem Programm durch Übertragungen der Canadian Football League sowie unterklassiger Collegespiele aufzufangen, gab allerdings nach wenigen Wochen mit schrecklichen Einschaltquoten wieder auf.

Nach fast zwei Monaten im Streikzustand hatten die Spieler allerdings genug, stellten sich gegen ihre eigene Union, beendeten den Streik und unterzeichneten einen neuen Fünfjahresvertrag mit der Liga. Um die Saison noch zu retten, stellte die NFL einen stark veränderten Spielplan vor: Statt 16 wurden gerade mal neun Saisonspiele absolviert, in die Playoffs zogen nicht wie gewöhnlich zwölf Teams (die acht Division-Sieger sowie jeweils zwei Wildcard-Teams pro Conference), sondern 16 Teams, die besten acht Teams aus der AFC und der NFC, ein. Die Veränderungen hatten weitreichende Auswirkungen: Mit den Detroit Lions und den Cleveland Browns schafften es gleich zwei Teams mit einer negativen Bilanz in die Playoffs – nie zuvor in der Geschichte der NFL hatte ein Team mit mehr Niederlagen als Siegen die Playoffs erreicht.

> ### Die NFLPA
>
> (National Football League Players Association) wurde 1956 als eine Gewerkschaft für die aktiven NFL-Spieler gegründet. Offiziell anerkannt wurde sie von der NFL allerdings erst zwölf Jahre später, als erstmals eine Arbeitsvereinbarung zwischen der Spielerunion und der Liga unterzeichnet wurde. Seitdem kam es zu mehreren Streiks, unter anderem 1974, 1982, 1987 und 2011. Heute sind mehr als 2400 aktive Spieler Mitglied der Union.

The Catch

Der Moment, der die Ära der 49ers einläutete

29

Die Dallas Cowboys waren *die* herausragende Mannschaft der späten 1960er- und 1970er-Jahre. Unter Head Coach Tom Landry zogen sie innerhalb von 13 Jahren zehnmal ins NFC Championship Game und innerhalb von 16 Jahren siebenmal ins NFL Championship Game bzw. den Super Bowl ein, 1971 und 1977 gewann Dallas den Super Bowl. Das Team dominierte die NFC über mehr als eine Dekade – bis zum 10. Januar 1982. Damals schlugen die San Francisco 49ers die Cowboys im NFC Championship Game, lösten Dallas als das beste Team der Conference ab und läuteten eine neue Ära ein. Der Grundstein für diesen Machtwechsel: Dwight Clarkes Touchdown in der letzten Minute des Spiels, heute nur noch bekannt unter einem Namen: The Catch.

Clark fängt den Last-Minute-Touchdown

Nach einem Drive über 83 Yards sahen sich die 49ers beim Stand von 21:27 58 Sekunden vor Schluss einem Third-and-Three sechs Yards vor der gegnerischen Endzone gegenüber. 49ers-Head-Coach Bill Walsh entschied sich für den Spielzug »Sprint Right Option«, ein Play, bei dem Clark den Gegenspieler von Wide Receiver Freddie Solomon blocken und diesem so einen einfachen Catch ermöglichen sollte. Doch Solomon rutschte aus, Quarterback Joe Montana wurde unter dem Druck der Defensive Line in Richtung Seitenlinie gedrängt. Montana warf zwar einen hohen Pass in die Endzone, es wirkte allerdings so, als wollte der Quarterback den Ball nur wegwerfen, um einen Sack zu verhindern. Selbst Walsh wandte sich bereits vom Geschehen auf dem Feld ab. Doch es kam anders: Am Ende der Endzone rauschte Clark heran, stieg hoch in die Luft, bekam den Ball mit seinen Fingerspitzen zu fassen und landete mit diesem in den Händen sicher zurück auf dem Boden. Es war ein herausragender Catch, der San Francisco nach dem Extrapunkt von Kicker Ray Wersching mit 28:27 in Führung brachte. »Clark caught it! Dwight Clark! It's a madhouse!«, schrie CBS-Kommentator Vin Scully in sein Mikrofon.

Den Cowboys gelang aufgrund eines Fumbles von Quarterback Danny White kein Comeback mehr, San Francisco zog in den Super Bowl ein und krönte sich dort erstmals in seiner Geschichte zum NFL-Champion. »Es ist eine Ehre für mich, dass die Leute 25 Jahre später noch darüber reden. Es ist großartig, dass wir den 49ers-Fans diesen Moment, den sie immer wie-

Dwight Clark wird von seinen Mitspielern gefeiert.

der durchleben können, gegeben haben«, erinnerte sich Montana später an
The Catch. »Die Leute wollen immer wieder über dieses Play und wie es die
Cowboys vernichtet hat, sprechen. Ich werde nie müde, darüber zu reden.
Ich werde nie müde, es zu sehen.«

Der Beginn einer Ära

Seit dem 21.Oktober 2018 erinnern gleich zwei Statuen, eine, die
Clark und eine, die Montana zeigt, vor dem Levi's Stadium in San
Francisco an den Sieg, der die Ära der 49ers einläutete. San Francisco zog
in acht der folgenden neun Jahre in die Playoffs ein und gewann den Super
Bowl drei weitere Male. Die Cowboys, bis dahin das erfolgreichste Team
der NFC, stürzten derweil in eine Krise. In neun Jahren erreichte Dallas nur
noch dreimal die Playoffs, ein Einzug in den Super Bowl blieb ihnen bis in
die 1990er-Jahre verwehrt.

Ein Kicker als MVP

30

Mark Moseley wird zum wichtigsten Spieler der Liga gewählt

Seit 1961 existiert der MVP-Award der *Associated Press*, der am Ende jeder Saison einen Athleten zum wichtigsten Spieler des Jahres kürt, nun bereits in der NFL. Seitdem gewannen 39 Quarterbacks den Preis, 16 Running Backs wurden ausgezeichnet, ebenso wie jeweils ein Interior Defender und ein Linebacker. Kein Wide Receiver. Kein Cornerback. Aber: ein Kicker!

Kicker mit fragwürdiger Technik

Was aus heutiger Sicht geradezu unvorstellbar erscheint, wurde im Jahr 1982 Realität. Mark Moseley von den Washington Redskins wurde in der durch einen Spielerstreik stark verkürzten Saison dank 20 von 21 verwandelten Field Goals zum wichtigsten Spieler gewählt. Kein Kicker in der Geschichte der NFL kam anschließend auch nur annähernd in die Nähe dieses Titels – trotz statistisch teilweise deutlich besserer Leistungen. Wie konnte das passieren?

Die Frage, wie Moseley es überhaupt schaffte, in der Saison 1982 mehr als 95 Prozent seiner Field-Goal-Versuche zu verwandeln, kann relativ einfach beantwortet werden: Er hatte Glück. Der damals 34-Jährige war zuvor bereits elf Jahre lang in der NFL aktiv gewesen. In dieser Zeit traf er 62 Prozent seiner Versuche. In den fünf Saisons im Anschluss an sein MVP-Jahr? 69 Prozent. Wer sich heute einige Videos von Moseleys Spielen ansieht, den dürften diese niedrigen Zahlen nicht verwundern. Denn der Kicker schoss die Bälle mit einer Technik, die im vom Fußball geprägten Deutschland wohl niemandem jemals eingefallen wäre und die in den 1980er-Jahren auch in den USA weitestgehend außer Mode gekommen war. Es war mittlerweile bekannt: Ein zielgenauer Schuss gelingt am besten durch einen Stoß mit dem Spann, nicht mit der Fußspitze, so wie Moseley es tat.

Redskins gewinnen den Super Bowl

Und doch traf er saisonübergreifend 23 Field Goals in Serie, darunter gleich mehrere Kicks, die den Redskins in letzter Minute zum Sieg verhalfen, und stellte damit einen neuen NFL-Rekord auf. Dank der besten Defense des Landes gewann Washington zudem die eigene Division und zog so in die Playoffs ein. Dort riss Moseleys Traumserie übrigens abrupt ab: Der Kicker verschoss ganze vier seiner sechs Field-Goal-Versuche in den ersten drei Playoff-Spielen der Redskins. Washington ließ sich davon allerdings nicht aufhalten und gewann ein Spiel nach dem anderen. Am Ende stand ein 27:17-Erfolg in Super Bowl XVII über die Miami Dolphins. Moseleys Team hatte sich zum Meister gekrönt – und das nahezu gänzlich ohne die Dienste des vermeintlich wichtigsten Spielers der gesamten Liga.

Moseley schießt einen Ball mit der Pike.

Walter Payton

Großer Running Back, größerer Mensch?

31

Die Liste herausragender Spieler in der Geschichte der Chicago Bears ist lang, vielleicht länger als die eines jeden anderen Teams in der NFL. Keine Organisation verhalf mehr Spielern in die Hall of Fame als die Bears, Athleten wie Linebacker Dick Butkus, Running Back Bronko Nagurski oder Quarterback Sid Luckman zählten allesamt zu den besten Spielern ihrer Zeit. Und doch kommt wohl keiner von ihnen an den Status des großen Walter Payton heran.

Bereits in seiner zweiten Saison in der NFL lief Payton 1976 für fast 1400 Yards und wurde in den Pro Bowl gewählt. Ein Jahr später schraubte er seine Ausbeute auf mehr als 1800 Yards hoch, führte die NFL in Touchdowns an und wurde als MVP ausgezeichnet. Das beeindruckendste an dieser Saison war allerdings: Am 20. November brach Payton in der Begegnung gegen die Minnesota Vikings mit 275 Rushing Yards den bis dahin bestehenden Rekord für die meisten Rushing Yards in einem einzigen Spiel – und das, obwohl er an diesem Tag unter einer Grippe mit Fieber litt. In den darauffolgenden neun Jahren lief der Running Back achtmal für mindestens 1200 Yards, 1985 war er zudem der Motor der zweitbesten Offense der NFL, die – im Verbund mit einer der besten Defenses aller Zeiten – am Ende der Saison schließlich den Super Bowl gewann. Als Payton zwei Jahre später seine Karriere beendete, hielt er den Rekord für die meisten Rushing Yards aller Zeiten.

Ein Star ohne Starallüren

Doch Payton war mehr als nur ein hochtalentierter Running Back. Er war die Beständigkeit in Person und verpasste während seiner 13-jährigen Karriere nur ein einziges Spiel. Zudem half er seinem Team immer wieder in den schwierigsten Situationen aus: Als die Bears aufgrund von Verletzungssorgen einen Notfall-Punter oder auch einen Notfall-Quarterback brauchten, zeigte Payton keinerlei Starallüren und sprang kurzerhand ein. Er galt als herausragender Sportsmann und großes Vorbild neben dem Platz. Als der Hall-of-Famer 1999 im Alter von gerade mal 45 Jahren an einer Entzündung der Gallengänge verstarb, besuchten mehr als 1000 Trauernde seine Beerdigung. Noch heute vergibt die NFL den Walter Payton Man of the Year Award für den Spieler, der sich in einer Saison am gemeinnützigsten in seiner Gemeinde einbrachte.

Großartigster Spieler der Bears-Geschichte

Die *Chicago Tribune* wählte Payton 20 Jahre nach seinem Tod zum großartigsten Spieler in der Geschichte der Chicago Bears. Mike Ditka, Paytons ehemaliger Head Coach, dürfte diesem Urteil zustimmen. Er sei der größte Spieler gewesen, den er je gesehen habe, wird Ditka in Paytons Autobiografie *Never Die Easy* zitiert. Aber etwas anderes habe ihn an seinem Running Back noch mehr beeindruckt, so Ditka: Noch größer sei Payton schlicht und ergreifend als Mensch gewesen.

Walter Payton in einem Spiel gegen die Los Angeles Raiders

Monsters of Midway

Die dominante Saison der Bears 1985

32

Anfang des 20. Jahrhunderts zählten die Chicago Maroons, das Footballteam der Universität von Chicago, unter Head Coach Amos Alonzo Stagg zu den besten Teams des Landes, gleich zweimal sicherte sich die Schule den nationalen Titel. Es waren Erfolge, die dem Team einen langanhaltenden Spitznamen einbringen sollten: die »Monsters of Midway«, benannt nach dem Midway Plaisance, einem Park unmittelbar am Rande des Campus der Universität. Als die Schule ihr Footballprogramm 1939 einstellte, übernahmen kurzerhand die Chicago Bears, das NFL-Team der Stadt, den Spitznamen. Der Zeitpunkt war gut gewählt, in den folgenden vier Jahren sicherte sich das Team dreimal den NFL-Titel. Doch die dominante Ära der Monsters of Midway ging vorüber und der Spitzname so gut wie verloren – bis er Mitte der 1980er-Jahre doch wieder zum Leben erweckt wurde.

Eine der besten Defenses aller Zeiten

Die Defense der Bears war im Jahr 1985 in einem solchen Maße dominant, dass Fans und Journalisten in der Stadt praktisch gar keine andere Wahl blieb, als die Monsters of Midway wiederzubeleben. Chicago entschied 15 seiner 16 Regular-Season-Spiele für sich, gewann zwei seiner Playoff-Spiele, ohne auch nur einen einzigen Punkt zuzulassen, und rollte in Super Bowl XX mit 46:10 in dominanter Art und Weise über die New England Patriots hinweg.

Die so genannte 46 Defense von Bears-Defensive-Coordinator Buddy Ryan verband eine der besten Linebacker-Gruppen aller Zeiten rund um Star-Spieler Mike Singletary mit guten Safeties sowie einer herausragend besetzten Defensive Line. Dies resultierte auf dem Spielfeld schlichtweg in purer Dominanz: Die Bears ließen weniger als 13 Punkte pro Spiel zu und führten die Liga defensiv in Punkten, Yards und Takeaways an – eine Errungenschaft, die anschließend fast 30 Jahre lang unerreicht bleiben sollte. Singletary wurde zum Defensive Player of the Year gewählt, Edge Defender Richard Dent verbuchte die meisten Sacks der Liga. Der 36-Punkte-Vorsprung der Bears im Super Bowl markierte damals obendrein den höchsten Super-Bowl-Sieg aller Zeiten.

Noch heute gelten die Monsters of Midway, die die perfekte Saison nur aufgrund einer Niederlage in Woche 13 gegen die Miami Dolphins ver-

Linebacker Wilber Marshall (l.) und Defensive End Dan Hampton feiern einen Turnover.

passten, als das vielleicht beste Team aller Zeiten, unter anderem wählte ESPN die Bears 2007 zum besten Super-Bowl-Sieger in der Geschichte der NFL, US-Präsident Barack Obama, der sowohl das Meisterteam der Bears von 1985 als auch die Champions der Dolphins von 1972 im Weißen Haus empfing, zeigte sich in seinem Urteil hin und her gerissen.

1985 als klarer Höhepunkt

Fest steht jedoch Eines: Im Gegensatz zu den Dolphins, die im Anschluss an ihre perfekte Saison gleich noch einen Super Bowl gewannen, bleibt die 1985er-Saison Chicagos eindeutiger Höhepunkt in der Super-Bowl-Ära. Ohne Ryan, dem Genie hinter der so dominanten Defense des Teams, der sich 1986 als Head Coach den Philadelphia Eagles anschloss, verpassten die Monsters of Midway fortan stets den Einzug in den Super Bowl.

Donald Trump gegen die NFL

Als der spätere US-Präsident die Liga verklagte

33

Als Präsident der USA dominiert Donald Trump beinahe täglich die Schlagzeilen. Trump befindet sich immer wieder auf Konfrontationskurs, wahlweise schießt er gegen China, die NATO, die Demokraten oder auch die Medien. Vor mehr als 30 Jahren war Trumps erklärter Gegenspieler allerdings noch jemand anderes: Es war die NFL. Trump war damals Besitzer der New Jersey Generals, einem Team in der USFL, die der NFL als zweite Profi-Footballliga in den USA Konkurrenz zu machen drohte. Ihr erstes Jahr verlief vielversprechend, die Liga konnte sich über gute Zuschauerzahlen und ein solides Wachstum freuen. Doch Trump wollte sich mit der Rolle des kleinen Bruders der NFL nicht zufriedengeben. Er strebte nach mehr. Und er suchte die Konfrontation.

Trump prahlt mit Reichtum vor Gericht

Angeführt von Trump verklagte die USFL die große Liga. Der Vorwurf: Die NFL verstoße gegen den Antitrust Act, sie habe sich also wissentlich einen Monopolstatus aufgebaut. Es gilt als sehr wahrscheinlich, dass Trump in Wirklichkeit nie vorhatte, die NFL ernsthaft herauszufordern. Vielmehr wollte er ein Teil von ihr werden und hoffte, im Gegenzug für ein Fallenlassen der Klage von der NFL als Teambesitzer aufgenommen zu werden. Doch Trumps Plan ging nicht auf – teilweise aufgrund seines eigenen Verhaltens. Vor Gericht prahlte der spätere US-Präsident mit seinem Reichtum und behauptete, er könne sich problemlos ein NFL-Team kaufen, wenn er es denn nur wollte. Das von der USFL erschaffene Bild der kleinen Liga, die von der dominanten NFL unterdrückt wurde, begann so mehr und mehr zu bröckeln.

»Das war unser Tod«

Das Gericht gab der Klage der USFL letztlich zwar Recht, sprach allerdings nur eine Strafe von einem symbolischen Dollar aus. Es war das Ende der noch so jungen Liga. »Donald hat die USFL nicht geliebt«, meinte Jerry Argovitz, Besitzer der Houston Gamblers, später. »Für ihn war das nur eine kleine Sache, was schrecklich war, denn wir hatten eine tolle Liga und eine tolle Idee. Aber dann hat jeder Donald Trump übernehmen lassen. Das war unser Tod.«

Lawrence Taylor

34

Der wohl dominanteste Verteidiger aller Zeiten

Lawrence Taylor ist der beste Defensivspieler in der Geschichte der NFL. Darüber dürfte es wohl keine allzu hitzigen Diskussionen geben. Trotz absolut dominanter Athleten wie Joe Greene, Ray Lewis oder auch J. J. Watt gilt Taylor als der herausragendste Verteidiger aller Zeiten. Seine nahezu übermenschliche Kombination aus Kraft und Schnelligkeit war ab dem ersten Tag, an dem er ein NFL-Spielfeld betrat, zu spüren: Gleich in seiner ersten NFL-Saison verbuchte Taylor 9,5 Sacks und wurde zum Defensive Player of the Year gewählt – als erster und bis heute einziger Rookie überhaupt. Seine Errungenschaften über den gesamten Verlauf seiner Karriere sind bis heute unerreicht: Taylor kam sieben Jahre in Folge auf mindestens zehn Sacks, wurde dreimal zum besten Verteidiger des Jahres und 1986 sogar zum MVP gewählt – als einer von nur zwei Defensivspielern in der Geschichte der NFL. 1986 und 1990 gewann er als der zentrale Baustein einer herausragenden New-York-Giants-Defense obendrein den Super Bowl.

Taylors Dominanz veränderte den Football

Und doch geht Taylors Vermächtnis weit über seine Auszeichnungen und Titel hinaus. »Lawrence Taylor veränderte die Art und Weise, wie Defense gespielt wird, wie Pass-Rushing funktioniert, wie Linebacker spielen und wie die Offense Linebacker blockt«, schwärmte Coaching-Legende John Madden einst über ihn.

Taylors Sack gegen Washingtons Quarterback Joe Theisman, der diesen in seinem Rücken nicht hatte kommen sehen, veränderte die Blocking-Philosophien in der Offense noch stärker: Im national übertragenen Spiel der Redskins gegen die Giants brach sich Theisman damals sein rechtes Bein und sollte nie wieder Football spielen können. Auch wenn Taylor, der bereits während seiner aktiven Karriere regelmäßig Kokain konsumierte und mehrere Drogentests der NFL nicht bestand, keinerlei Absicht unterstellt werden konnte, hatte er somit Theismans Karriere beendet. Eine direkte Folge dieser Entwicklung: Der Schutz ihres Quarterbacks wurde für Teams als immer wichtiger angesehen, Offensive Tackles stiegen zu den begehrtesten Spielern überhaupt auf, insbesondere Left Tackles, die die »Blind Side« des Quarterbacks beschützen, wurden fortan fürstlich entlohnt. Das hat sich bis heute nicht verändert: Zu Beginn der Saison 2019 waren sechs der sieben höchstbezahlten Offensive Linemen Left Tackles.

John Elway

Champion als Spieler und als Manager

35

Bereits vor Beginn seiner Profi-Karriere war John Elway Teil eines, zumindest in den USA, außerordentlich berühmten Moments: In seinem letzten Spiel für die Universität von Stanford unterlag Elway den California Golden Bears trotz einer 20:18-Führung vier Sekunden vor dem Ende. Durch fünf Pässe nach hinten und zur Seite hielten die Gegner ihre Siegchance wie im Rugby beim letzten Spielzug der Begegnung am Leben und erzielten mit dem Ablauf der Spielzeit den entscheidenden Touchdown zum Sieg. Heute ist der Moment nur noch unter dem Namen The Play bekannt. The Play kann dabei geradezu sinnbildlich für Elways College-Karriere stehen: Trotz individuell herausragender vier Jahre, in denen der Quarterback praktisch jeden Offense-Rekord der Pacific-10-Conference brach, gewann Elway mit Stanford nicht einmal die Hälfte seiner Spiele und spielte nie in einem der großen Bowl Games.

John Elway bejubelt den Super-Bowl-Sieg 1998.

Seinem Status als eines der größten Football-Talente aller Zeiten sollte der ausbleibende Teamerfolg allerdings keinen Abbruch tun. Elway wurde im Draft 1983 an erster Stelle ausgewählt, sein Einfluss war so groß, dass er die Baltimore Colts, die den ersten Pick des Drafts hielten, tatsächlich dazu zwingen konnte, ihn zu einem anderen Team zu traden. Das Supertalent landete somit in Denver, wo ihn die Presse mit geradezu bombastischer Erwartungshaltung empfing. Doch Elway sollte vorerst noch Zeit benötigen. In seinen ersten Jahren in der Liga war er nicht mehr als ein durchschnittlicher Quarterback, auf seinen ersten Pro Bowl musste er mehr als drei Jahre warten. Der Stern des heutigen Hall-of-Famers ging erst in den Playoffs der Saison 1986 auf: Im AFC Championship Game führte Elway seine Broncos fünf Minuten vor dem Ende über 98 Yards, also praktisch die gesamte Länge des Spielfelds, zum Sieg. Rund vier Jahre nach The Play war sein großer Moment geboren: The Drive.

Super Bowl MVP zum Abschluss der Karriere

Doch: Der Super-Bowl-Titel sollte Elway vorerst verwehrt bleiben. Obwohl der Quarterback Ende der 1980er-Jahre zu den besten Spielern der Liga zählte und 1987 sogar zum MVP gewählt wurde, blieb der Erfolg im größten Spiel des Jahres stets aus: 1987 unterlag er den New York Giants, 1988 den Washington Redskins und 1990 schließlich den San Francisco 49ers. Besonders in den letzten beiden Spielen präsentierte sich Elway katastrophal, seine Broncos verloren die Spiele mit 10:42 und 10:55, der bis heute höchsten Super-Bowl-Pleite aller Zeiten. Dem einstigen Wunderkind haftete mehr und mehr der Ruf eines Verlierers an.

Elway sollte 36 Jahre alt werden, ohne sich zum Champion gekrönt haben zu können – doch bis zum Ende blieb ihm der große Titel nicht verwehrt. 1998, 15 Jahre nach seinem Debüt in der NFL, bezwangen Elway und die Broncos in Super Bowl XXXII die Green Bay Packers, ein Jahr später wiederholten sie das Kunststück gegen die Atlanta Falcons. Es sollte Elways letztes Spiel in der NFL gewesen sein. Nach eineinhalb Jahrzehnten als angeblicher Verlierer, trat er schließlich als Super Bowl MVP ab.

Noch heute zählt der Hall-of-Famer zu den großen Aushängeschildern der Broncos, seit 2011 ist Elway als Präsident und General Manager des Teams tätig. In dieser Rolle verpflichtete er 2012 den großen Peyton Manning, nach fünf Division-Titeln in Serie gewann Denver am 7. Februar 2016 erneut den Super Bowl. Es war der dritte NFL-Titel in der Geschichte der Broncos und der erste für Elway als Manager. Seine ersten beiden Super Bowls hatte das Team fast 20 Jahre zuvor gewonnen. Mit Elway als Spieler.

Jerry Rice

Der größte Spieler aller Zeiten?

36

Wer war der größte Quarterback aller Zeiten? Wer der beste Cornerback, wer der beste Running Back? Fragen, über die Footballfans über Tage, Monate oder sogar Jahre hitzig diskutieren können. Auf der Position des Wide Receivers scheinen sich allerdings nahezu alle einig zu sein, wer der beste aller Zeiten war: Jerry Rice.

Der legendäre 49ers-Coach Bill Walsh war von Rice' Fähigkeiten bereits vor dem Start von dessen Profikarriere so begeistert, dass Walsh schon vor dem Draft 1985 damit begann, neue Spielzüge eigens für den Wide Receiver zu kreieren – ohne zu wissen, ob der 22-Jährige überhaupt jemals in San Francisco landen würde. Walsh, der auch als Manager für die 49ers fungierte, tradete schließlich seine ersten beiden Draft-Picks zu den Patriots, um deren Pick an Position 16 zu bekommen, und erhielt somit tatsächlich seinen Wunschspieler. Und Walshs Enthusiasmus sollte sich als gerechtfertigt erweisen: In San Francisco entwickelte sich Rice innerhalb von nur einem Jahr zum wohl besten Receiver der NFL. Er führte die NFL gleich in seinem zweiten Jahr in Receiving Yards und Touchdowns an, 1987 gelangen ihm in nur zwölf Spielen unglaubliche 22 Touchdown-Catches – der Zweitplatzierte kam damals auf gerade einmal elf Touchdowns. Rice gewann mit den Niners drei Super Bowls und prägte gleich zwei legendäre Teams, sowohl das 49ers-Team rund um Joe Montana in den 1980ern als auch Steve Youngs Mannschaft in den 1990er-Jahren.

Unglaublicher Wille, riesige Arbeitsmoral

Rice war nie ein athletischer Freak wie Randy Moss gewesen und doch schien er über einen Zeitraum von zehn Jahren schlicht und ergreifend dominant und beinahe unmöglich zu verteidigen. Seine Arbeitsmoral und sein Wille gelten bis heute als nahezu unerreicht. The Hill, Rice' knapp vier Kilometer lange und unglaublich steile Trainingsstrecke im Edgewood County Park, ist bis heute legendär und zwang so manchen jungen 49ers-Spieler, der ebenfalls darauf trainieren wollte, in die Knie. Als Rechtshänder Montana Anfang der 1990er-Jahre von Young (Linkshänder) als Starting Quarterback der 49ers abgelöst wurde, ließ sich Rice den gesamten Sommer über Pässe vom linkshändigen Equipment-Manager des Teams zuwerfen, um sich an die entgegengesetzte Rotation des Balles zu gewöhnen.

Jerry Rice feiert einen Touchdown gegen die Minnesota Vikings.

Rice' Eifer zahlte sich aus: Er gilt heute nicht nur als der beste Wide Receiver aller Zeiten, obendrein hält er mehr als 100 NFL-Rekorde – weit mehr als jeder andere Spieler –, darunter unter anderem die Bestmarken für die meisten Receiving Yards, die meisten Catches und die meisten Touchdown-Catches. Das NFL Network kürte Rice im Jahr 2010 sogar zum größten Spieler in der Geschichte der NFL.

Und doch kommt selbst Rice' Fabelkarriere nicht ohne Makel aus: 2015 gab der Hall-of-Famer überraschend zu, als Spieler das eigentlich verbotene Stickum-Spray, das den Handschuhen der Receiver mehr Halt verleiht, benutzt zu haben. Seine Entschuldigung: Das habe damals jeder so gemacht. Als zahlreiche ehemalige Receiver widersprachen und erklärten, sie hätten das Mittel niemals benutzt, ruderte Rice zurück und behauptete, nur falsch verstanden worden zu sein. Selbst Rice' beinahe unglaubliche Rekorde kommen daher mit einem leichten Beigeschmack daher. Seinem Status als bester Wide Receiver aller Zeiten tat seine »Anekdote« in den USA allerdings keinen Abbruch. 2019 wählte die NFL Rice anlässlich ihres 100-jährigen Bestehens in ihr bestes Team aller Zeiten.

O. J. Simpson

Ein ehemaliger Footballstar im vielleicht größten Mordprozess aller Zeiten

37

O. J. Simpson war einer der größten Footballer seiner Zeit. Der Running Back gewann die Heisman-Trophäe mit dem größten Vorsprung aller Zeiten, unterschrieb den seiner Zeit höchstdotierten Vertrag in der Geschichte der NFL, erreichte als erster Spieler überhaupt mehr als 2000 Rushing Yards in einer Saison und wurde 1985 in die Pro Football Hall of Fame aufgenommen. Und dennoch erlangte Simpson seine Berühmtheit in besonderem Maße abseits des Platzes.

Am 17. Juni 1994 unterbrachen sämtliche TV-Stationen der USA ihre Übertragungen der NBA Finals, eines der meistgesehenen TV-Events des

O. J. Simpson (r.) mit seinem Verteidiger Johnnie Cochran vor Gericht

Jahres, um die Verfolgung eines weißen Ford Bronco SUV auf einem kalifornischen Highway zu zeigen. Auf der Rückbank des Bronco: Simpson, der damit drohte, sich umzubringen, sollte die Polizei den Wagen stoppen. 95 Millionen Menschen verfolgten die Szenen live vor ihren Fernsehern.

Ein Mordprozess als TV-Event

Der ehemalige Superstar wurde damals verdächtigt, seine Ex-Frau Nicole Brown sowie deren Gast Ron Goldman fünf Tage zuvor brutal erstochen zu haben. Simpsons Fluchtversuch scheiterte, zwei Monate später wurde er wegen zweifachen Mordes angeklagt. Es sollte der vielleicht spektakulärste Gerichtsprozess in der Geschichte der Vereinigten Staaten werden: Elf Monate lang bekriegten sich die Staatsanwaltschaft und Simpsons Verteidiger, einen Großteil der Zeit live im Fernsehen. Der Moment, in dem Simpson auf Drängen der Ankläger ein Paar Handschuhe, das am Tatort gefunden wurde, anzog und diese ihm sichtlich zu klein waren, ist ebenso legendär wie die Szene, in der sich der Polizist Mark Fuhrman auf sein Recht zu schweigen berief, als er von Verteidiger Johnnie Cochran gefragt wurde, ob er angebliche Beweise am Tatort so präpariert habe, dass Simpson wie der Mörder aussähe.

Urteil: nicht schuldig

Der Prozess gewann obendrein an Brisanz, da dieser in Zeiten, in denen schwarze US-Bürger unter anhaltender Polizeibrutalität zu leiden hatten, zu einer weiteren rassistischen Handlung der kalifornischen Ermittler gegen einen Afroamerikaner stilisiert wurde. Eine Umfrage in Los Angeles ergab, dass ein Großteil der afroamerikanischen Bürger einen Freispruch für Simpson für gerecht hielt, während weiße und lateinamerikanische Bürger mehrheitlich für einen Schuldspruch plädierten. Am 3. Oktober 1995 fällten die Geschworenen nach weniger als vier Stunden Beratung schließlich ihr Urteil: nicht schuldig – trotz geradezu erdrückender Beweislast.

Das juristische Kapitel war für Simpson damit allerdings noch längst nicht beendet. Eineinhalb Jahre später sprach ihn ein Zivilgericht schuldig, Goldman und Brown umgebracht zu haben, und verurteilte ihn zu einer Zahlung von 33,5 Millionen US-Dollar an die Nachkommen von Goldman. Am 5. Dezember 2008 wurde Simpson nach einem bewaffneten Raubüberfall in Las Vegas zudem zu 33 Jahren Gefängnis verurteilt. Seit dem 1. Oktober 2017 ist der ehemalige Footballstar jedoch schon wieder ein freier Mann. Er wurde nach nicht mal neun Jahren in Haft vorzeitig entlassen.

Bo Jackson

Football- und Baseballstar zugleich

38

Im Jahr 2019 stand Kyler Murray vor einer schwierigen Entscheidung: Sollte er eine Karriere als Baseball- oder Footballprofi einschlagen? Der Youngster war bereits ein Jahr zuvor in der ersten Runde des MLB-Drafts ausgewählt worden, er wurde in der abgelaufenen College-Footballsaison jedoch auch zum besten Spieler gewählt und mit der Heisman-Trophäe ausgezeichnet. Murray entschied sich schließlich für Football, wurde im NFL Draft an erster Stelle ausgewählt und zum Starting Quarterback der Arizona Cardinals ernannt. Rund 30 Jahre zuvor hatte Bo Jackson vor einer ähnlich richtungsweisenden Entscheidung wie Murray gestanden. Jackson schlug damals jedoch einen anderen Weg ein. Er entschied sich letztlich für: Beides.

Jackson gibt Tampa Bay einen Korb

Am College hatte Jackson wie viele junge Athleten noch mehrere Sportarten betrieben. Er war der Running Back der Auburn Tigers, spielte allerdings auch Baseball und nahm an zahlreichen Leichtathletikwettkämpfen teil. Ein Scout beschrieb Jackson als den »besten Athleten in Amerika«. Trotz teilweise rekordbrechender Leistungen für das Footballteam, strebte dieser mehr und mehr eine Baseballkarriere an. Als Hugh Culverhouse, Besitzer der Tampa Bay Buccaneers, Jackson 1986 unerlaubterweise mit einem Privatjet einfliegen ließ und diesem dadurch eine einjährige College-Sperre einhandelte, war Jacksons Entscheidung endgültig gefallen: Obwohl die Bucs ihn im NFL Draft an erster Stelle auswählten und ihm einen Vertrag über mehr als sieben Millionen US-Dollar vorlegten, schwor der Running Back, niemals für das Team spielen zu wollen, das für seine Sperre verantwortlich gewesen war – und entschied sich daher für einen Vertrag über nur eine Million US-Dollar bei den Kansas City Royals in der MLB.

Ein Jahr später wurde er erneut, diesmal in der siebten Runde, im NFL Draft ausgewählt. Der Unterschied war diesmal jedoch: Die Los Angeles Raiders sicherten Jackson zu, weiterhin Baseball spielen zu dürfen und sich dem Team stets erst nach dem Ende der MLB-Saison anschließen zu müssen. Es war ein Novum in der jüngeren NFL-Geschichte – und Jackson stimmte zu. Vier Jahre lang spielte Jackson parallel professionell Baseball und Football, jedes Jahr stieß er erst ab Herbst zu seinen Raiders. Der herausragende Athlet erreichte in der NFL im Schnitt mehr als fünf Yards pro Run und

Bo Jackson in Aktion für die Los Angeles Raiders

wurde 1990 trotz nur zehn absolvierter Spiele sogar in den Pro Bowl gewählt – ein Jahr, nachdem er in der MLB zum All-Star ernannt worden war.

Jacksons Footballkarriere war allerdings nur von kurzer Dauer: Am 13. Januar 1991 zog er sich im Playoff-Spiel seiner Raiders gegen die Cincinnati Bengals eine dermaßen schwere Hüftverletzung zu, dass er seine NFL-Karriere sofort beenden musste. Nach einem Jahr Pause spielte er noch zwei weitere Jahre in der MLB, ehe der Left Fielder auch seine Baseballschuhe an den Nagel hängte.

Ob Jackson sich heute wieder für beide Sportarten entscheiden würde? Unwahrscheinlich. »Ich wünschte, ich hätte damals von all diesen Kopfverletzungen gewusst, aber niemand wusste das«, erklärte er 2017 gegenüber *USA Today*. »Das Spiel ist so brutal geworden, so grob. Heute wissen wir viel besser über dieses CTE-Zeug (siehe Kapitel 71) Bescheid. Ich würde meinen Kindern heutzutage niemals erlauben, Football zu spielen.«

Wide Right

39

Scott Norwood und die Buffalo Bills schreiben unfreiwillig NFL-Geschichte

Die Buffalo Bills der frühen 1990er-Jahre dürfen ohne Frage zu den tragischsten Figuren der NFL-Geschichte gezählt werden. Viermal in Serie zog das Team unter Starting Quarterback Jim Kelly in den Super Bowl ein, bis heute als einzige Mannschaft überhaupt. Und doch blieb die Krönung den Bills stets verwehrt. Noch heute wartet die Organisation auf ihren ersten Super-Bowl-Titel. Doch woran scheiterte dieses über vier Jahre hinweg so herausragende Team? Die Beantwortung dieser Frage startet unweigerlich mit einer Person: Scott Norwood.

Norwood vergibt entscheidendes Field Goal

In Super Bowl XXV, dem ersten der vier, kamen die Bills ihrem Ziel zum Greifen nah: Acht Sekunden vor dem Ende führten die New York Giants mit nur einem Punkt Vorsprung, Buffalo konnte mit einem Field Goal aus 47 Yards Entfernung in Führung gehen. Norwood, Buffalos Kicker, trat an – und verfehlte sein Ziel um wenige Zentimeter. Der Kommentar von Al Michaels (»No good! Wide right!«) ist bis heute legendär. Für Norwood war es damals fraglos eine äußerst undankbare Situation: Das längste Field Goal des Kickers in besagter Saison war aus nur 48 Yards Entfernung gewesen, auch Bills-Head-Coach Marv Levy gab später zu, dass weniger als 50 Prozent aller Kicks aus dieser Entfernung zu dieser Zeit erfolgreich waren. Norwood hatte zuvor im Pro Bowl gespielt und mehrere Spiele in den letzten Sekunden für die Bills entschieden. Und doch wird er auf ewig für seinen Fehlschuss in Erinnerung bleiben.

»Die Leute halten uns tatsächlich für Verlierer«

Für die Bills war dieser Moment so etwas wie der Anfang vom Ende: Nie wieder kam Buffalo dem ersehnten Titel so nah. Die drei folgenden Super Bowls verlor das Team allesamt mit mindestens 13 Punkten Rückstand. Trotz jahrelanger Dominanz in der Regular Season stand das Team letztlich ohne Titel da. »Die Leute halten uns tatsächlich für Verlierer«, zeigte sich ein anonym bleibender Spieler des Teams gegenüber ESPN Jahre später fassungslos. »Das ist die ungerechteste Aussage, die ich in meinem Leben jemals hören oder lesen musste.«

Barry Sanders

40

Maximal spektakulär – aber bis zuletzt ohne den großen Erfolg

Der Super Bowl ist der Abschluss und das Highlight einer jeden NFL-Saison. Stars werden in diesem Spiel zu Legenden, Teams entwickeln sich zu Dynastien. Er ist das Ziel, auf das Spieler und Teams Jahr für Jahr hinarbeiten. Ein Ziel, das einer der vielleicht größten Spieler aller Zeiten niemals erreichen konnte. In zehn Jahren in der NFL scheiterte Barry Sanders mit seinen Detroit Lions jedes Mal vorzeitig. 1991 kam der Running Back seinem Ziel am nächsten, musste sich den Washington Redskins im NFC Championship Game jedoch deutlich mit 10:41 geschlagen geben. Sanders verbuchte gerade mal 44 Rushing Yards, zu oft blieb der hochtalentierte Athlet ausgerechnet in den Playoffs hinter den hohen Erwartungen zurück.

Der flinkste Spieler aller Zeiten

Dabei erlebte Sanders eine der herausragendsten Karrieren aller Zeiten, seine Kontinuität mit zehn aufeinanderfolgenden Jahren, in denen er ausnahmslos zu den besten Spielern auf seiner Position zählte, erreichte in diesem Maße vielleicht kein Spieler vor oder nach ihm. Die Nummer 20 der Lions war im Eins-gegen-eins praktisch unmöglich zu stoppen, die US-amerikanische Redewendung »stopping on a dime« (auf Deutsch: punktgenau anhalten), schien geradezu eigens für Sanders erfunden worden zu sein. Dank seiner unglaublichen Explosivität sowie seiner spektakulären Richtungswechsel wurde er nach seinem Karriereende vom NFL Network zum flinksten Spieler der NFL-Geschichte gewählt.

Sanders war während seiner zehnjährigen Karriere zehnmal Pro Bowler, zehnmal All-Pro und zweimal Offensive Player of the Year, 1997 gewann er sogar den MVP-Titel. Als er nur zwei Jahre nach seinem größten individuellen Erfolg und weniger als 1500 Rushing Yards vom Rushing-Yard-Rekord der NFL entfernt sein Karriereende bekannt gab, war dies nicht weniger als ein Schock für die NFL-Welt. Als einer der ganz wenigen Footballstars überhaupt trat Sanders in der Blüte seiner Karriere von der großen Bühne ab. Bis heute gilt er als einer der besten Running Backs und einer der spektakulärsten Spieler aller Zeiten. 2012 verlieh ihm nfl.com einen weiteren Titel, der die Tragik in Sanders' Karriere noch stärker betonen sollte: Der Running Back sei der beste Spieler gewesen, der niemals in einem Super Bowl spielte, so die Autoren auf der Website.

Deion Sanders

Cornerback, Returner und noch vieles mehr

41

Wer im Jahr 2020 gern Football verfolgt, der muss für gewöhnlich nicht allzu viele Übertragungen ansehen, um in einer davon auf Deion Sanders zu stoßen. »Prime Time«, wie er einst von einem seiner Mitspieler getauft wurde, zählt zu den schillerndsten Persönlichkeiten rund um die NFL. Sanders kommt regelmäßig als NFL-Experte oder -Moderator zum Einsatz und ist dabei mit seiner extrovertierten und markerschütternden Persönlichkeit nie zu übersehen. Doch Sanders ist auch einer der besten Defensivspieler, die jemals ein NFL-Feld betreten haben.

Mehr als nur variabel einsetzbar

Bereits in seiner Jugend galt Sanders als die Vielseitigkeit in Person. Am College von Florida State spielte er Baseball und Football und war gleichzeitig als Leichtathlet aktiv. Einst kam er für die Seminoles an einem Tag erst in einem Baseballspiel zum Einsatz, lief anschließend in der 4x-100-Meter-Staffel mit und spielte zum Abschluss ein weiteres Baseballmatch. Ähnlich wie Bo Jackson war Sanders neben seiner herausragenden NFL-Karriere auch in der MLB aktiv, als einziger Sportler überhaupt kam »Prime Time« im Super Bowl und in der World Series zum Einsatz, zudem gelangen nur ihm innerhalb einer Woche sowohl ein Home Run in der MLB als auch ein Touchdown in der NFL. 1990 trafen Sanders und Jackson in der Baseballliga sogar direkt aufeinander: Jackson gelangen damals gleich drei Home Runs in der »Bo und Prime Time Show«, Sanders zollte ihm anschließend großen Respekt und erklärte ihn zu einem »der besten Athleten, die jemals ein Trikot anzogen«.

Doch auch auf dem Footballfeld wurde Sanders so variabel eingesetzt wie kaum ein anderer Spieler. In erster Linie spielte er zwar Cornerback, doch Sanders zählte auch zu den besten Kick und Punt Returnern der gesamten Liga, 1996 setzte er zudem eine komplette Saison mit Baseball aus, um sich mit den Nuancen der Offensive im Football vertraut zu machen und auch noch als Wide Receiver zum Einsatz zu kommen. Während seiner NFL-Karriere gelangen Sanders so Touchdowns auf sechs verschiedene Weisen: per Interception Return, per Punt Return, per Kickoff Return, per Touchdown-Catch, per Touchdown-Run und mit einem Touchdown nach einer Fumble Recovery. Doch »Prime Time« war stets mehr als einfach nur variabel einsetzbar: Als Cornerback zählte Sanders über ein komplettes Jahrzehnt zu den besten Spielern auf seiner Position. Er wurde neunmal zum First-Team All-Pro und achtmal in den Pro Bowl gewählt, 1994 gewann er sogar die Wahl zum Defensive Player of the Year in der NFL.

Stets im Rampenlicht

Seine schillernde Persönlichkeit lebte der einstige Erstrundenpick dabei auch auf dem Footballplatz aus. Als Sanders 1994 erstmals in den Georgia Dome seines einstigen Teams, den Atlanta Falcons, zurückkehrte, gelang ihm nicht nur ein Touchdown nach einer Interception, er ließ es sich auch nicht nehmen, seine ehemaligen Coaches noch während des Laufs in die Endzone für jeden Zuschauer sichtbar zu verhöhnen. Sanders liebte die Aufmerksamkeit und das Rampenlicht. Eine Eigenschaft, die er bis heute beibehalten hat. Er veröffentlichte unter anderem ein Rap-Album, hatte gemeinsam mit seiner Familie eine eigene Reality-Serie, trat in zahlreichen anderen Shows und Serien auf und lieferte sich 2015 im Fernsehen ein musikalisches Duell mit Popstar Justin Bieber. Sanders erscheint somit geradezu allgegenwärtig. Mittlerweile sogar außerhalb der Football-Welt.

Deion Sanders neben seiner Büste beim Einzug in die Pro Football Hall of Fame

The Comeback

Als den Buffalo Bills die größte Aufholjagd aller Zeiten gelang

42

Die Super-Bowl-Niederlage der Atlanta Falcons nach einer 28:3-Führung gegen die New England Patriots (siehe Kapitel 81) gilt heute geradezu als der Inbegriff eines kolossalen Einbruchs eines Teams nach einer beinahe unaufholbaren Führung. Was allerdings viele schon nicht mehr wissen: Den Houston Oilers war es mehr als 20 Jahre zuvor noch schlimmer ergangen. Bis heute markiert ihre Niederlage gegen die Buffalo Bills das größte Comeback in der Geschichte der NFL.

35:3-Führung ist nicht genug

Im AFC Wildcard Game erwischten die Gäste damals einen geradezu perfekten Start in die Partie. Quarterback Warren Moon zerlegte Buffalos Defense nach allen Regeln der Kunst, bereits zur Pause führten die Oilers mit 28:3, ein Pick Six von Frank Reich erhöhte die Führung nach nicht mal zwei Minuten in Halbzeit zwei sogar auf 35:3. Dann folgte das Unglaubliche: Urplötzlich agierten die Gastgeber wie ausgewechselt. Buffalo erzielte bei seinen nächsten vier Drives vier Touchdowns, schaffte zudem einen Onside Kick und erzwang ein Three-and-Out sowie eine Interception der Oilers. Innerhalb von weniger als sieben Minuten hatten die Bills ihren Rückstand von 32 auf vier Punkte verkürzt. Nachdem Reich und Co. drei Minuten vor dem Ende erstmals in Führung gingen, retteten sich die Oilers durch ein Field Goal noch in die Overtime, eine weitere Interception von Moon sowie ein Bills-Field-Goal besiegelten dort jedoch Houstons Schicksal: das Spiel endete 38:41.

Der Anfang vom Ende für Houston

Es war ein Comeback, wie es sich zuvor wohl niemand zu erträumen gewagt hätte. Zahllose Bills-Fans hatten das heimische Stadion zur Halbzeit verlassen, nur um wenig später zurückzukehren und die Veranstalter zu zwingen, ihnen erneut Einlass zu gewähren. Für Houston markierte das Spiel derweil den Start einer Negativphase, die erst mit dem Umzug der Oilers nach Tennessee endete. Noch heute läuft »The Comeback« oft in voller Länge auf dem NFL Network. Moon gab zu, er müsse dabei stets zur Halbzeit abschalten. Die zweite Hälfte kann er sich bis heute nicht ansehen.

Dan Marinos Fake Spike

43

Wie ein Trick den Miami Dolphins einen Sieg bescherte

Der Spike zählt zu den essenziellen Plays eines jeden Footballteams. Der Ball wird dabei vom Quarterback unmittelbar nach dem Snap auf den Boden geworfen, dies wird als Incomplete Pass gewertet und hält somit die Uhr an. Das Spiken des Balls ist daher ein wichtiges Mittel für jedes Team, das am Ende einer Halbzeit Zeit sparen will, jedoch keine Auszeit dafür nutzen möchte oder kann. Am 27. November 1994 machte sich Dan Marino, einer der größten Quarterbacks der 1990er-Jahre, dieses Play allerdings in einer Art und Weise zu Nutze, wie es in der NFL vor ihm wohl noch niemand getan hatte: 38 Sekunden vor dem Ende des Spiels lagen Marinos Dolphins bei den New York Jets mit 21:24 zurück, die Uhr lief und Miami verfügte nur noch über ein Timeout. Der Quarterback schrie »Clock! Clock! Clock!«, um auf die Zeit aufmerksam zu machen und bewegte seine Hände so, als würde er ohne Ball einen Spike ausführen.

Marino narrt die Jets-Defense

Die Defense der Jets erwartete also, dass die Dolphins den Ball auf den Boden werfen und dadurch die Uhr anhalten würden. Als Marino das Spielgerät von seinem Center erhielt, machte keiner der Defensive Linemen Anstalten, den Quarterback zu attackieren, auch die Linebacker und Safeties legten eine kurze Verschnaufpause ein. Ein Spieler, der dies nicht tat, war Mark Ingram, Wide Receiver der Dolphins. Er lief, nahe der rechten Seitenlinie aufgestellt, eine Route in Richtung Endzone an seinem perplexen Gegenspieler Aaron Glenn vorbei. Marino warf den Ball zu Ingram, der den Pass ohne große Gegenwehr fangen konnte. Touchdown, Miami führte plötzlich mit 27:24!

Eine »erschütternde« Niederlage

Der besondere Trickspielzug, den Backup-Quarterback Bernie Kosar im Trainingslager vor der Saison vorgeschlagen hatte, war ein voller Erfolg gewesen und hatte den Dolphins den Sieg beschert. Die Jets trafen die Ereignisse derweil hart. Head Coach Pete Carroll bezeichnete die knappe Niederlage später als »erschütternd«, New York gewann in der Saison kein einziges Spiel mehr und Carroll wurde zum Saisonende entlassen.

Jerry Jones

Der Besitzer des wertvollsten Teams der Welt

44

Wer ist im 21. Jahrhundert das bekannteste Gesicht der NFL? Tom Brady? Bill Belichick? Oder womöglich sogar Jerry Jones? So oder so dürfte außer Frage stehen, dass der Besitzer der Dallas Cowboys die schillerndste Persönlichkeit unter den Ownern in der NFL ist. Jones formte die Cowboys zum wertvollsten Sportklub der Welt und ist für viele Beobachter mitverantwortlich für den großen Erfolg der NFL. Doch was ist es, das Jones so besonders macht?

Jones trifft alle Entscheidungen

Zum einen: Der Multimilliardär liebt das Rampenlicht. Und er hat kein Problem damit, unpopuläre Entscheidungen zu treffen. Nichts verdeutlicht dies besser als seine ersten Amtshandlungen nach dem Kauf der Cowboys im Jahr 1989: Innerhalb nur weniger Monate feuerte er erst Head Coach Tom Landry und kurz darauf General Manager Tex Schramm, obwohl beide seit fast 30 Jahren mit großem Erfolg für die Franchise tätig

Jerry Jones im Jahr 2019

Die Cheerleader der Dallas Cowboys bei einem Spiel gegen die Washington Redskins

gewesen waren. Als Nachfolger installierte Jones seinen ehemaligen College-Mitspieler Jimmy Johnson – und sich selbst! Bis heute lebt Jones den Traum eines jeden Sportfans, der glaubt, er wisse doch eigentlich sowieso alles besser: Er trifft alle Entscheidungen, er stellt die Trainer ein und verpflichtet die Spieler. Als seine rechte Hand fungiert Jones' ältester Sohn Stephen, auch seine Kinder Charlotte und Jerry Jr. nehmen entscheidende Positionen innerhalb der Organisation ein.

Die Cowboys als herausragende Investition

Und doch lässt sich Jones' Erfolg keineswegs leugnen: Er gewann mit den Cowboys drei Super Bowls und verwandelte die vor seiner Übernahme arg strauchelnde Organisation in das mit Abstand wertvollste Sportteam des Planeten. Der Wert der Franchise, die Jones vor rund 30 Jahren für 140 Millionen US-Dollar erwarb, wird heute auf weit mehr als fünf Milliarden US-Dollar geschätzt. Jones setzte voll auf Dallas' Ruf als »America's Team« und bewies mehrfach einen goldenen Riecher für Marketing- und PR-Coups. Unter anderem führten die Cowboys als erstes NFL-Team überhaupt Cheerleader mit festen Tanz-Choreographien am Rande ihrer Spiele ein, eine Tradition, die heute kaum noch aus NFL-Stadien wegzudenken ist. Der sportliche Erfolg wurde dem Anspruch der Cowboys zuletzt allerdings kaum noch gerecht. Ihr letzter Einzug in das NFC Championship Game liegt mittlerweile weit über 20 Jahre zurück. Die Kritik an Jones und seinem geradezu absolutistischen Führungsstil wird daher lauter. Der ausbleibende Erfolg nagt an ihm. Die öffentliche Kritik dürfte ihm allerdings ziemlich egal sein.

Adam Vinatieri

Der Mann für die ganz großen Momente

45

Der Job des Kickers gehört im Football ohne Frage zu den undankbarsten überhaupt. Selbst bei weit entfernten Versuchen sowie bei Kicks im strömenden Regen oder in heftigen Stürmen, scheinen die Erfolge der Kicker stets schneller vergessen als ihre Fehlschüsse. Permanent droht ihnen mehr Spott als Ruhm. Und doch gibt es einen Kicker, der mehr als 20 Jahre auf dem höchsten Level aktiv war und von Mitspielern, Gegnern, Fans und Experten gleichermaßen geschätzt und respektiert wurde. Sein Name ist Adam Vinatieri, zu dem Coaching-Legende Bill Parcells bereits in dessen Rookie-Saison sagte: »Du bist kein Kicker, du bist ein Footballspieler!« Er sollte Recht behalten.

Held in zwei Super Bowls

Kein Kicker - und kaum ein NFL-Spieler überhaupt – stand im Mittelpunkt so vieler großer Momente der NFL-Geschichte. Vinatieris Legendenstatus fand bereits in den Playoffs 2001 seinen Anfang: In einem hart umkämpften Spiel seiner Patriots gegen die Oakland Raiders schoss er in einem eisigen Schneesturm kurz vor dem Ende der regulären Spielzeit nicht nur ein 45-Yard-Field-Goal zum Ausgleich, in der Verlängerung sicherte ein weiterer erfolgreicher Schuss seinen Patriots damals das Weiterkommen. In Super Bowl XXXVI kickte sich Vinatieri, der seine Profi-Karriere 1995 in der NFL Europe bei den Amsterdam Admirals begonnen hatte, dann endgültig auf den Radar jeglicher Footballfans: In den letzten Sekunden des Spiels versenkte der damals 29-Jährige ein 48-Yard-Field-Goal, bescherte New England seinen ersten Super-Bowl-Erfolg und beendete so jegliche Träume der haushoch favorisierten St. Louis Rams.

Es sollte nur der Auftakt zu einer großen Karriere voll mit unzähligen Kicks in großen Momenten gewesen sein: Zwei Jahre später traf

Vinatieri erneut das entscheidende Field Goal beim Super-Bowl-Sieg der Patriots über die Carolina Panthers und wurde damit zum ersten Spieler überhaupt, der zwei Super Bowls in den letzten Sekunden des großen Spiels entschied. Alle Rekorde und Meilensteine des Kickers aufzulisten, würde gleich mehrere Seiten dieses Buchs füllen: Vinatieri gewann vier Super Bowls, er stellte unter anderem neue Rekorde für die meisten Punkte, die meisten Field Goals und die meisten Regular-Season-Siege in der Geschichte der NFL auf. Vinatieri spielte weit mehr als 20 Jahre in der NFL und zählte dabei stets zu den besten und konstantesten Spielern auf seiner Position. Angesichts dessen erscheint es alles andere als undenkbar, dass so manche der von ihm aufgestellten Bestmarken bis in alle Ewigkeit Bestand haben werden.

Vinatieri verwandelt das Field Goal in den letzten Sekunden von Super Bowl XXXVIII.

Brett Favre

Der größte Gunslinger in der Geschichte der NFL

46

Bei der Einordnung von Quarterbacks muss stets zwischen zwei Extremen unterschieden werden: Einerseits gibt es den Game-Manager, einen Quarterback, der fast ausschließlich nach dem vorgegebenen Schema der Offense spielt, der keine Würfe forciert und auf kurze und offene Pässe setzt. Auf der anderen Seite steht der Gunslinger, ein Quarterback, der stets hochaggressiv vorgeht, der tief attackieren will und seine Receiver immer wieder in Eins-gegen-eins-Duellen anwirft – ein Spieler also, der kein Problem damit hat, eine Interception zu werfen, wenn dafür an anderer Stelle ein Touchdown herausspringt. Die meisten Quarterbacks sind irgendwo zwischen diesen beiden Extremen einzuordnen. Brett Favre allerdings ist eindeutig der zweiten Kategorie zuzuschreiben. Und das seit seinem ersten Tag in der NFL.

Packers sichern sich Favre per Trade

Bei den Atlanta Falcons war Favre seinem eigenen Head Coach zu risikofreudig und unberechenbar. Es bräuchte nicht weniger als einen Flugzeugabsturz, damit er Favre in einem Spiel starten ließe, erklärte Jerry Glanville einst. Als Favre dann erstmals ein NFL-Feld betreten durfte, half der junge Quarterback nicht gerade dabei, dieses Bild von sich zu korrigieren: Gleich sein erster Pass war eine Interception, die zu einem Touchdown der Defense zurückgetragen wurde, ein Pick Six. Und doch gab es genug Entscheidungsträger in der NFL, die Favres Qualitäten schätzten: Die Green Bay Packers tradeten nach dessen erster Saison ihren Erstrundenpick für Favres Dienste und hielten sogar an dem Geschäft fest, als die Teamärzte aufgrund von Komplikationen beim Medizincheck von dem Trade abrieten. Sie sollten es nicht bereuen.

321 Spiele am Stück

Favre führte die Packers, die seit dem Wirken von Vince Lombardi 25 Jahre zuvor gerade mal ein Playoff-Spiel gewonnen hatten, zurück an die Spitze der NFL. Favre gewann, als bis heute einziger Spieler überhaupt, dreimal in Serie den MVP-Award, führte seine Packers dreimal in das NFC Championship Game und zweimal in den Super Bowl, wovon Green Bay den ersten im Jahr 1997 gewann. Innerhalb von 15 Jahren erreichte das Team elfmal die Playoffs. Noch mehr als ein Gunslinger war

Brett Favre in einem Spiel gegen die Buffalo Bills

Favre jedoch ein beinharter Spieler und Kämpfer, der unter keinen Umständen ein Spiel verpassen wollte. Über die Jahre spielte der Quarterback unter anderem mit zahlreichen schweren Prellungen, mehreren Gehirnerschütterungen und sogar einem gebrochenen Daumen an seiner Wurfhand. 321 Spiele in Serie stand er ohne Unterbrechung auf dem Feld, eine Serie, die bis heute unerreicht ist. Doch Favre zahlte seine Beständigkeit mit einem hohen Preis: Der Quarterback wurde schmerzmittelsüchtig, 1996 verbrachte er deswegen 46 Tage in Behandlung.

Rodgers übernimmt von Favre

2008, im Alter von 38 Jahren, erklärte Favre schließlich seinen Rücktritt und überließ den Posten des Starting Quarterbacks seinem Nachfolger Aaron Rodgers – nur um wenige Monate später doch weiterspielen zu wollen. Die Packers tradeten ihn zu den New York Jets, ein Jahr später schloss sich Favre den Minnesota Vikings an, ausgerechnet dem großen Rivalen der Packers. In Minnesota warf Favre schließlich seinen 500. Touchdown-Pass und 70.000. Passing Yard, er wurde zum elften Mal in den Pro Bowl gewählt und zog zum zwölften Mal in die Playoffs ein. Als der 40-Jährige seine Karriere zwei Jahre später endgültig beendete, hielt er ebenso die Rekorde für die meisten Passing Touchdowns und Passing Yards wie für die meisten Interceptions und die meisten Fumbles aller Zeiten. Ganz so, wie es sich für einen echten Gunslinger eben gehört.

Jon Gruden

Raider, Super-Bowl-Sieger und dann wieder ein Raider

47

Es war eines der größten Geschäfte in der Geschichte der NFL, als die Tampa Bay Buccaneers im Jahr 2002 Jon Gruden von den Oakland Raiders als ihren neuen Head Coach verpflichteten. Im Alter von nur 38 Jahren hatte Gruden die Raiders zuvor vom letzten Platz in der AFC West zu zwei Division-Titeln, einem Einzug ins AFC Championship Game sowie 40 Siegen in vier Jahren geführt. Die Bucs hatten nach der Entlassung ihres erfolgreichen Trainers Tony Dungy derweil zunehmend unter Druck gestanden: Nach der Absage von Coaching-Legende Bill Parcells zog sich die Trainersuche des Teams über mehr als zwei Monate hin. In ihrer Verzweiflung boten die Bucs Oakland schließlich ein gigantisches Paket aus zwei Erstrundenpicks, zwei Zweitrundenpicks sowie acht Millionen US-Dollar für die Dienste von Gruden. Al Davis, Teambesitzer der Raiders, der ohnehin noch nicht überzeugt davon war, den in einem Jahr auslaufenden Vertrag seines Head Coaches zu verlängern, schlug dankend ein.

Jon Gruden im Jahr 2019 an der Seitenlinie der Raiders

Die Buccaneers sollten das Geschäft zunächst nicht bereuen: Gruden lockte begehrte Free Agents wie Wide Receiver Keenan McCardell und Running Back Michael Pittman nach Tampa Bay und gewann gleich in seiner ersten Saison in dominanter Weise den Super Bowl. Das Team entschied seine Playoff-Spiele im Schnitt mit 23 Punkten Vorsprung für sich, im großen Endspiel siegten die Bucs deutlich mit 48:21, ausgerechnet gegen die Raiders, Grudens ehemaliges Team.

Und doch blieben Restzweifel an ihm und dem enormen Preis, den die Organisation für ihn gezahlt hatte, bestehen. Grudens Fachgebiet war die Offense, die größte Stärke des Meisterteams von 2002 blieb allerdings die herausragende, auf dem Tampa-2-System basierende Defense, die Gruden von seinem Vorgänger Dungy geerbt hatte. Es folgten enttäuschende Jahre, mit Ausnahme der Saison 2005, in der die Buccaneers elf Saisonspiele gewannen, blieb Grudens Team Jahr für Jahr hinter den Erwartungen zurück. 2009 entließen die Bucs ihren einstigen Meistercoach schließlich. Mit Ausnahme seiner Super-Bowl-Saison hatte Gruden kein einziges Playoff-Spiel gewinnen können.

Rückkehr an die alte Wirkungsstätte

Der damals 45-Jährige zog sich daraufhin zwar von seinem Head-Coaching-Dasein zurück, doch er ging keineswegs ins Exil. »Chucky«, wie er aufgrund seiner Ähnlichkeit mit der Mörderpuppe aus den *Child's Play*-Horrorfilmen genannt wurde, gründete die Fired Football Coaches Association, eine Art Think-Tank für Football-Coaches, und arbeite in verschiedenen Formaten als Experte für ESPN. Gruden galt als ein unterhaltsamer und flapsiger Typ, der bei den Zuschauern gut ankam, im Jahr 2014 machte ihn der Sportsender zu seinem bestbezahlten Mitarbeiter. Doch der footballverrückte Gruden wäre nicht er selbst, hätte er sich nicht doch nach seinen Tagen als Head Coach zurückgesehnt.

2018 stimmte er schließlich einer Rückkehr zu seinem ehemaligen Team, den Raiders, zu. »Ich habe Rumba-Kurse besucht – ich war nicht gut. Ich habe ein Boot gekauft – ich habe es nie benutzt. Ich habe neben einem Golfplatz gewohnt – ich habe nie gespielt«, erklärte Gruden damals die Entscheidung für seine Rückkehr. »Ich bin frühmorgens zur FFCA gegangen und kurz darauf war es auch schon wieder halb elf in der Nacht. Ich dachte: Scheiße, ich vergeude meine Zeit.« Ganz unbedeutend dürfte für ihn damals allerdings auch die finanzielle Komponente nicht gewesen sein: Gruden erhielt von den Raiders einen Zehnjahresvertrag über 100 Millionen US-Dollar – es ist der höchstdotierte Vertrag, den jemals ein Head Coach in der NFL unterschrieben hat.

Kurt Warner

Von der NFL Europe zum NFL MVP

48

Wie viele NFL MVPs gibt es, die im Alter von 23 Jahren noch im örtlichen Supermarkt Regale einräumten und dafür mit gerade mal 5,50 US-Dollar pro Stunde entlohnt wurden? Die Antwort ist: genau einen. Sein Name: Kurt Warner. Nach einer wenig glanzvollen Zeit als Quarterback der Universität von Iowa zeigte Mitte der 1990er-Jahre tatsächlich kein NFL-Team Interesse an Warners Diensten. Im NFL Draft 1994 wurde er nicht ausgewählt, die Green Bay Packers luden ihn zwar zum Mannschaftstraining ein, entließen ihn kurz darauf jedoch wieder.

Um einem lebenslangen Dasein als Aushilfe im Supermarkt zu entrinnen, musste sich Warner fortan nach anderen Möglichkeiten zum Football-spielen umsehen. Der Quarterback heuerte bei den Iowa Brainstomers in der AFL, einer Hallen-Footballliga, an und spielte anschließend ein Jahr für die Amsterdam Admirals in der NFL Europe. Erst 1998 kam Warner bei den St. Louis Rams in der NFL unter – als dritter Quarterback des Teams. Er durfte in der gesamten Saison gerade mal ein Spiel absolvieren und warf nur elf Pässe. Erst 1999 sollte sich das Schicksal für Warner zum Besseren wenden.

Was nicht weniger als eine Hiobsbotschaft für den Starting Quarterback der Rams war, sollte Warners große Chance werden: Trent Green riss sich in einem Preseason-Spiel des Teams das Kreuzband, der eigentliche Backup musste fortan übernehmen. Und: Warners Stern schoss so schnell in die Höhe wie der kaum eines Spielers vor ihm. Warner, der eigentlich nicht mehr als eine Notlösung auf der Position des Quarterbacks sein sollte, warf in seinen ersten vier Spielen stets mindestens drei Touchdowns, ein neuer NFL-Rekord! Ganz Amerika rieb sich angesichts von Warners Leistungen verwundert die Augen, die *Sports Illustrated* veröffentlichte eine Titelstory mit dem passenden Titel »Who is this Guy?« über den neuen Shootingstar. Keine drei Monate später beendete Warner die Saison schließlich mit 4353 Passing Yards und 41 Touchdowns und wurde wohlverdient zum MVP gewählt. Die Rams gewannen damals 13 Saisonspiele, erzielten mehr als 500 Punkte und schlugen schließlich in Super Bowl XXXIV, in dem Warner gleich den Rekord für die meisten Passing Yards brach und sich als erster Quarterback überhaupt in seinem ersten Jahr als Starter zum Champion krönte, die Tennessee Titans. Die »Greatest Show on Turf« war geboren.

Interceptions werden zum Problem

In den Folgejahren legte die herausragende Offense der Rams zwar weiter geradezu fabulöse Zahlen auf, Warner unterliefen allerdings mehr und mehr Fehler. An das Niveau seiner ersten Starter-Saison sollte er, trotz seines zweiten MVP-Titels 2001, nicht mehr herankommen. Mit

Kurt Warner als Quarterback der St. Louis Rams

zwei Interceptions trug er zudem eine klare Mitschuld an der völlig überraschenden Super-Bowl-Niederlage der Rams gegen die New England Patriots am Ende der Saison 2001.

Der beste ungedraftete Spieler aller Zeiten

Es sollte der Beginn einer schweren Zeit für Warner werden: Von Verletzungen geplagt, blieb er über Jahre hinter seinen Möglichkeiten zurück und wurde 2004 von den Rams entlassen, von 2002 bis 2006 absolvierte er in keiner Saison mehr als zehn Spiele. Die Karriere des HallofFamers schien bereits so gut wie vorüber, ehe er im Alter von 36 Jahren doch noch mal ins Rampenlicht der NFL zurückkehrte: 2008 warf er im Trikot der Arizona Cardinals für mehr als 4500 Yards und 30 Touchdowns und führte sein Team ein Jahr vor seinem Rücktritt tatsächlich ein weiteres Mal in den Super Bowl.

Bis heute ist Warner der einzige ungedraftete Spieler in der NFLGeschichte, der einen MVPTitel verliehen bekam, sowie der einzige ungedraftete Quarterback, der sein Team zum SuperBowlSieg führte. Es besteht kein Zweifel: Warner ist der beste ungedraftete NFLSpieler aller Zeiten. Und: Durch seinen kometenhaften Aufstieg vom Nobody zum Superstar ist er gleichzeitig der Protagonist einer der faszinierendsten NFLGeschichten überhaupt.

Warner während eines Spiels in der NFL Europe

The Greatest Show on Turf

Die spektakulärste Offense aller Zeiten?

Wer bis zu dieser Stelle aufmerksam gelesen hat, sollte mittlerweile mit der »Air Coryell«-Offense vertraut sein. Don Coryell dominierte mit ihr über Jahre auf dem College-Level und feierte auch in der NFL einige Erfolge. Den Höhepunkt dieses Strebens nach einer effizienteren Passing-Offense erreichte allerdings nicht Coryell selbst. Es war Mike Martz, der diese Art der Offense um die Jahrtausendwende zu neuen Höhen trieb. Ihr Name: The Greatest Show on Turf.

Drei Jahre für die Geschichtsbücher

Martz erweiterte Coryells auf Timing basierende Deep-Passing-Offense bei den St. Louis Rams um zahlreiche Bewegungen vor dem Snap, so genannte Pre-Snap-Motions, sowie Formationen, bei denen nur der Quarterback direkt hinter der Offensive Line stand, so genannte Empty Formations. So ermöglichte Martz den Rams rund um Quarterback Kurt Warner, Running Back Marshall Faulk sowie den Receivern Isaac Bruce und Torry Holt Leistungen, die bis dahin geradezu undenkbar gewesen waren.

Mike Martz an der Seitenlinie der St. Louis Rams

Marshall Faulk in einem Spiel gegen die Seattle Seahawks

Die Rams führten die Liga drei Jahre in Serie in praktisch allen Offensiv-Statistiken an, sie erzielten als erstes Team überhaupt drei Jahre in Serie mehr als 500 Punkte und brachen im Jahr 2000 die bestehenden Rekorde für Offense und Passing Yards in einer Saison. St. Louis stellte zudem drei Saisons in Folge den MVP, 1999 und 2001 gewann Warner, 2000 siegte Faulk. Darüber hinaus zog das Team in den drei Jahren zweimal in den Super Bowl ein und gewann diesen 1999.

Völlig überraschende Niederlage im Super Bowl

Angesichts ihres spektakulären Spielstils sowie der damit verbundenen großen Erfolge, verwundert es aus heutiger Sicht kaum, dass ESPNs Chris Berman die Rams in ihrem zweiten Jahr unter Martz zur »Greatest Show on Earth« erklärte. Erst in den darauffolgenden Wochen erhielten die Rams aufgrund des Kunstrasens (auf Englisch: turf) im heimischen Trans World Dome ihren bis heute ikonischen Spitznamen. Im Anschluss an ihre äußerst überraschende Super-Bowl-Niederlage 2001 verloren die Rams allerdings die ersten fünf Spiele der darauffolgenden Saison und verpassten in dieser Saison die Playoffs, ein Jahr später verließ Warner das Team. Die Greatest Show on Turf war über drei Jahre eines der besten Teams der Liga. Der Sprung zu einer Dynastie blieb den Rams allerdings verwehrt.

The Music City Miracle

Der Spielzug, der die Buffalo Bills in eine tiefe Krise stürzte

Die Playoffs der Saison 1999 zählen zu den spektakulärsten der NFL-Geschichte. Der dramatische Super-Bowl-Sieg der St. Louis Rams stellte schließlich ihren Höhepunkt dar, doch erst ein kleines Wunder machte diese Finalpaarung überhaupt möglich: So wäre es niemals zu The Tackle gekommen, hätten sich die Tennessee Titans im AFC Wildcard Game nicht aufgrund eines anderen ikonischen Spielzugs gegen die Buffalo Bills durchgesetzt: dem Music City Miracle.

75-Yard-Touchdown-Return von Dyson

Das Miracle basierte auf einem Special-Teams-Play namens »Home Run Throwback«, das Alan Lowry, Special Teams Coordinator der Titans, eigens für Momente wie diesen konzipiert hatte: Nach einem Field Goal der Bills erhielten die Titans 16 Sekunden vor dem Ende beim Stand von 15:16 den Kickoff, sie brauchten dementsprechend einen langen Return, um zumindest in Reichweite für ein eigenes Field Goal zu kommen. Nach dem Kick gelangte der Ball zu Tight End Frank Wycheck, der damit zunächst nach rechts lief, sich nach einigen Schritten allerdings umdrehte und diesen zurück zu Wide Receiver Kevin Dyson warf. Dyson, mit mehreren Mitspielern als Blockern und nur Bills-Kicker Steve Christie als Gegenspieler vor sich, lief über 75 Yards unbedrängt bis in die Endzone. Der Touchdown stellte das Ergebnis auf 22:16, die Titans sollten das Spiel gewinnen.

Spielzug war regelkonform

Für die Bills war die Niederlage nicht weniger als ein Schock. Buffalo schlitterte in die tiefste Krise seiner Teamgeschichte: Die Bills, die in zehn der vorigen zwölf Jahre in die Playoffs und viermal in die Super Bowl eingezogen waren, rutschten ans Ende der AFC East und verpassten 17 Jahre in Serie die Playoffs. Bis heute ist der Spielzug der Titans unter Bills-Fans nur als der »Forward Lateral« bekannt, eine Anspielung darauf, dass Wycheck den Ball angeblich nach vorne geworfen habe, was laut NFL-Regelwerk bei einem Kickoff-Return verboten ist. Aufwendige 3D-Analysen bestätigten einige Jahre später allerdings: Der Ball hatte sich nicht vorwärtsbewegt, das Music City Miracle war regelkonform gewesen.

The Tackle

Als Kevin Dyson ein Yard zum Super-Bowl-Sieg fehlte

The Greatest Show on Turf zählt zu den besten Offensiv-Teams aller Zeiten. Die Mannschaft rund um Quarterback Kurt Warner führte die NFL drei Jahre in Serie in sämtlichen großen Offensiv-Statistiken an und stellte 2000 einen neuen Rekord für die meisten Offensiv-Yards in einer Saison auf. Im größten Moment dieser legendären Mannschaft war es allerdings die Defense, die hervorstach und Mike Jones, ein Linebacker, der den St. Louis Rams ihren ersten und bis heute einzigen Super-Bowl-Sieg bescherte. Sechs Sekunden vor dem Ende von Super Bowl XXXIV hatten die Titans beim Stand von 16:23 die Chance, ein letztes Play im Spiel zu laufen: Tennessee entschied sich dabei für ein relativ klassisches Clearout-Konzept, bei dem Tight End Frank Wycheck eine vertikale Route in die Endzone lief, um in seinem Rücken einen offenen Raum zu schaffen, in den Wide Receiver Kevin Dyson – ja, ironischerweise derselbe Kevin Dyson, der die Titans beim Music City Miracle in die nächste Runde getragen hatte – mit einer kurzen Route hineinlief. Quarterback Steve McNair traf Dyson, der den Ball fünf weitere Yards zum Touchdown tragen musste, perfekt im Lauf. Jones hatte das Play allerdings vorzeitig erkannt, sich zurück zu Dyson orientiert und diesen drei Yards vor der Endzone attackiert. Dyson streckte den Ball in Richtung Goalline, während sein Gegenspieler seine Beine umklammerte – doch es sollte nicht reichen! Der Ball blieb wenige Zentimeter vor der Endzone, Tennessee verpasste den finalen Touchdown und verlor das Spiel somit in allerletzter Sekunde.

Fox Sports erklärte »The longest Yard«, wie der finale Moment des Spiels ebenfalls genannt wird, 2007 zum größten Moment in der Geschichte des Super Bowls. The Tackle verdeutlicht besonders gut, welche winzigen Details im Football über Sieg und Niederlage entscheiden können. Wäre Dyson einen Yard weitergekommen, hätte er einen halben Schritt mehr gemacht, wäre er den Bruchteil einer Sekunde später getackelt worden, the Greatest Show on Turf wäre womöglich für immer ohne Super Bowl geblieben. Seine Vollendung verdankte das Team letztlich somit nicht Warner, nicht Marshall Faulk und nicht Isaac Bruce, sondern einem seiner Verteidiger: Mike Jones.

Mike Jones und seine Mitspieler (hinten) feiern den Sieg über die Tennessee Titans

Ray Lewis

Erst Straftäter, dann Held einer ganzen Stadt

52

Wer in der Zeit zwischen 1996 und 2012 ein Spiel der Baltimore Ravens verfolgte, dem stach dabei zwangsläufig ein Spieler besonders ins Auge. Ray Lewis lebte Football wie kaum ein Zweiter. Sein Temperament auf und neben dem Footballfeld ist womöglich bis heute unerreicht. In Heimspielen betrat Lewis das Feld stets als letzter Vertreter seines Teams, sein ikonischer Tanz am Ausgang des Spielertunnels verwandelte Vorfreude auf den Rängen in Enthusiasmus, seine Ansprachen im Kreis der Defense waren ligaweit berüchtigt. Es war auch diese Passion, die Lewis zu einem der größten Verteidiger in der Geschichte der NFL machte. Der Linebacker vermochte es, seine geradezu animalische Leidenschaft in Energie umzuwandeln, ohne dabei zu überdrehen. Er ließ sich von seinem Temperament treiben, verfügte aber gleichzeitig auch über herausragende taktische Raffinesse. Diese Kombination machte Lewis über Jahre hinweg zum härtesten und besten Tackler der Liga. Er wurde zweimal zum Verteidiger des Jahres gewählt, war siebenmal im First-Team All-Pro und 13-mal Teil des Pro-Bowl-Kaders. Kaum ein Spieler in der Geschichte der NFL kann eine derartige Vita vorweisen.

Verwicklung in zwei Todesfälle

In Baltimore wurde Lewis geradezu verehrt. Er kam 1996, im Gründungsjahr der Ravens, vom College nach Baltimore, in seiner 16 Jahre andauernden Karriere sollte er für kein anderes Team spielen. Sein harter und kompromissloser Spielstil war der Grundstein für die Identität der Ravens, die sich bis heute stets zuallererst über eine starke und disziplinierte Defensive definieren. Lewis war Baltimore. Und Baltimore liebte ihn dafür. Doch der junge Mann war keineswegs der makellose Vorzeigecharakter, als den ihn seine Stadt so gern präsentierte. Im Jahr 2000 war der Star-Linebacker in den Tod zweier junger Männer verwickelt. In Lewis' Limousine wurde Blut der Opfer gefunden, sein weißer Anzug, den er an diesem Abend getragen hatte, konnte nie gefunden werden. Wegen Behinderung der Justiz wurde Lewis später mit einer Geldstrafe belegt. Weitere Verurteilungen gab es nicht, bis heute sind die genauen Umstände dieses Abends ungeklärt.

Doch den eigenen Helden wird schnell vergeben. Ganz besonders im Sport. Keine zwölf Monate später hatte Lewis die Ravens als Herzstück einer der besten Defenses aller Zeiten zum ersten Super-Bowl-Titel ihrer

Geschichte geführt. Spätestens ab diesem Zeitpunkt waren die Anschuldigungen gegen Lewis – zumindest in Baltimore – vergessen. 2014, zwei Jahre nach seinem Karriereende, wurde eine Statue von Lewis vor dem Stadion der Ravens enthüllt. Ihm glückte sogar das, was vielen Großen des Sports letztendlich doch so oft verwehrt bleibt: der perfekte Abschied.

Das perfekte Karriereende

Am 2. Januar 2012 verkündete Lewis seinen Rücktritt am Ende der laufenden Saison. Vier Tage später feierte er in seinem letzten Heimspiel einen Sieg über die Indianapolis Colts. Super Bowl XLVII, in dem die Ravens gegen die San Francisco 49ers siegten, wurde sein letztes Spiel auf der NFL-Bühne. Lewis hatte Baltimore zum Abschluss seiner Karriere tatsächlich noch den zweiten Titel seiner Geschichte beschert. Als er nach Spielende die Vince-Lombardi-Trophäe in die Luft reckte, rief er in das Mikrofon von CBS-Reporter Jim Nantz: »Baltimore! Baltimore! Wir kommen nach Hause! Wir haben es geschafft!«

Ray Lewis bei seinem ikonischen Tanz vor Spielbeginn

Peyton Manning

MVP-Rekordhalter und größter Brady-Rivale

53

»Jedes Jahr drücke ich die Daumen, dass ein Rookie-Quarterback meinen Rekord bricht«, scherzte Peyton Manning am 7. März 2016 während der Rede, mit der er sein Karriereende und seinen Rücktritt aus der NFL verkündete. Es fällt nicht schwer zu vergessen, dass Manning, für manche der größte Quarterback, der jemals ein NFL-Feld betreten hat, bis heute einen Negativ-Rekord hält: Mit 28 Interceptions stellte der 22-jährige Liganeuling 1998 eine neue Rookie-Höchstmarke auf. Seine Colts gewannen damals gerade mal drei Saisonspiele. Es sollte allerdings kein Vorgeschmack auf Mannings weitere Karriere werden.

Peyton Manning ändert einen Spielzug seiner Offense.

Mehr als nur ein Quarterback

Bereits in seinem zweiten Jahr in der NFL gewann er mit Indianapolis 13 Spiele, es wurde der Beginn einer Ära: Über die folgenden elf Jahre führte Manning sein Team zu sieben weiteren Division-Titeln, zwei AFC Championships und einem Super-Bowl-Titel – dem ersten für die Franchise seit ihrem Umzug nach Indianapolis. Für viele war Manning in Indiana mehr als nur ein Quarterback. Er hauchte einer ohnmächtig anmutenden Organisation neues Leben ein, Manning stand für Erfolg auf und Publicity neben dem Feld. Auch dank ihm wurde das neue Lucas Oil Stadium gebaut, ohne sein Wirken wären die Colts womöglich ein weiteres Mal umgezogen, weg aus Indianapolis. Und trotzdem: Nachdem sich Manning einer seine Karriere gefährdenden Nackenopera-

tion unterziehen musste, trennten sich die Colts von ihrem Heilsbringer und setzten auf die Dienste des jungen Supertalents Andrew Luck. Manning zog weiter nach Denver, wo er innerhalb von nur vier Jahren eine Saison für die Statistik-Geschichtsbücher spielte und zum Abschluss seiner Karriere seinen zweiten Super Bowl gewann.

»Nichts zu bedauern«

In seiner Karriere stellte Manning zahlreiche Rekorde auf, darunter neue Bestmarken für die meisten MVP-Titel (5), die meisten Pro Bowls (14) sowie die meisten Passing Yards und Passing Touchdowns in einer Saison.

Peyton Manning (r.) und Tom Brady nach dem Sieg der Denver Broncos im AFC Championship Game 2004

Lange blieb Mannings Erfolg in den Playoffs, der wichtigsten Phase einer jeden Saison, allerdings überschaubar, weshalb ihm die gleiche Wertschätzung wie Tom Brady, mit welchem er die laut TV-Kommentator Jim Nantz »größte Quarterback-Rivalität aller Zeiten« bildete, lange Zeit verwehrt blieb. Manning war in Footballfragen stets ein positiv Verrückter. Sein erstes Playbook lernte er angeblich in nur einer Woche auswendig, auch viele Jahre später konnte er einzelne Spielzüge aus seiner Vergangenheit immer noch detailgetreu wiedergeben. »Es gab Spieler, die talentierter als ich waren«, erklärte Manning auf jener Pressekonferenz im März 2016. »Aber es gab niemanden, der besser vorbereitet war als ich. Und deshalb habe ich nichts zu bedauern.«

Bill Belichick

Der Begründer der Patriots-Dynastie

54

Bill Belichick ist eine Institution in der NFL. Seine schroffen Antworten gegenüber Reportern sind mittlerweile ebenso legendär wie sein stets mürrischer Blick an der Seitenlinie. Doch was Belichick wirklich von all seinen Kollegen in der Liga unterscheidet, ist sein Erfolg. Seit nunmehr zwei Jahrzehnten schickt der Head Coach mit seinen New England Patriots Jahr für Jahr eines der besten Teams der NFL auf den Rasen. Schon heute gilt er als der wohl größte Footballtrainer aller Zeiten.

Bereits als Assistenztrainer machte sich Belichick einen Namen als erfolgreicher und kreativer Defensivcoach. Mit den New York Giants gewann er als Defensive Coordinator zwei Super Bowls, seine Taktik in Super Bowl XXV erhielt sogar einen eigenen Platz in der Hall of Fame. Statt Thurman Thomas, den herausragenden Running Back der Buffalo Bills, stoppen zu wollen, konzentrierte sich Belichick voll auf den Pass: »Ich glaube, das Running Game war damals unsere kleinste Sorge«, erinnerte sich der Coach später an seine Herangehensweise. Die Patriots vertrauten auf äußerst unorthodoxe Formationen mit nur zwei Defensive Linemen, drei Linebackern und sechs Defensive Backs und stoppten die Bills so immer wieder in Schlüsselsituationen.

Morddrohungen in Cleveland

Nur ein Jahr später wurde Belichick zum Head Coach der Cleveland Browns ernannt. Sein geradezu außerirdischer Erfolg sollte sich allerdings erst später einstellen. In fünf Jahren in Cleveland erreichte Belichick nur einmal die Playoffs und entließ in seinem dritten Jahr den beliebten Quarterback Bernie Kosar. Die Fans der Browns wandten sich gegen ihren Head Coach, Belichick erhielt Morddrohungen und musste zeitweise sogar vom FBI unter Personenschutz gestellt werden. Als die Organisation 1996 nach Baltimore umzog, wurde er entlassen.

Belichick schloss sich erneut Bill Parcells an, der bereits bei den Giants Belichicks Head Coach gewesen war, zunächst bei den New England Patriots und anschließend bei den New York Jets. Parcells baute seinen Schützling Schritt für Schritt zu seinem Nachfolger auf, eine Entwicklung, die schließlich zu einer der kuriosesten Pressekonferenzen der NFL-Geschichte führen sollte: Nach Parcells' Rücktritt als Head Coach der Jets wurde Belichick sofort als dessen Nachfolger bestimmt. Doch: Kurz bevor Belichick als der neue Coach des Teams präsentiert werden sollte, kritzelte dieser kurzerhand seine eigene Rücktrittserklärung auf eine Serviette und erklärte den verdutzten Reportern, »aufgrund der vielen Unklarheiten, die meine Position im Zusammenhang mit den neuen Eigentümern des Teams begleiten«, wolle er von seinem Posten als Head Coach des Teams zurücktreten.

Die dominanteste Ära der NFL-Geschichte

Stattdessen schloss sich Belichick den Patriots an, wo er von Beginn an außergewöhnliche Entscheidungskraft innerhalb der Organisation erhielt: Belichick war nicht nur der Head Coach, de facto fungierte er, trotz seines eher überschaubaren Erfolgs in Cleveland, gleichzeitig auch als General Manager des Teams. Die Jets protestierten gegen die Verpflichtung ihres Coaches und erhielten von der NFL den Erstrundenpick der Patriots als Kompensation zugesprochen. Dennoch war es ein Geschäft, das sich für New England mehr als bezahlt machen sollte.

Bill Belichick in seinem Element

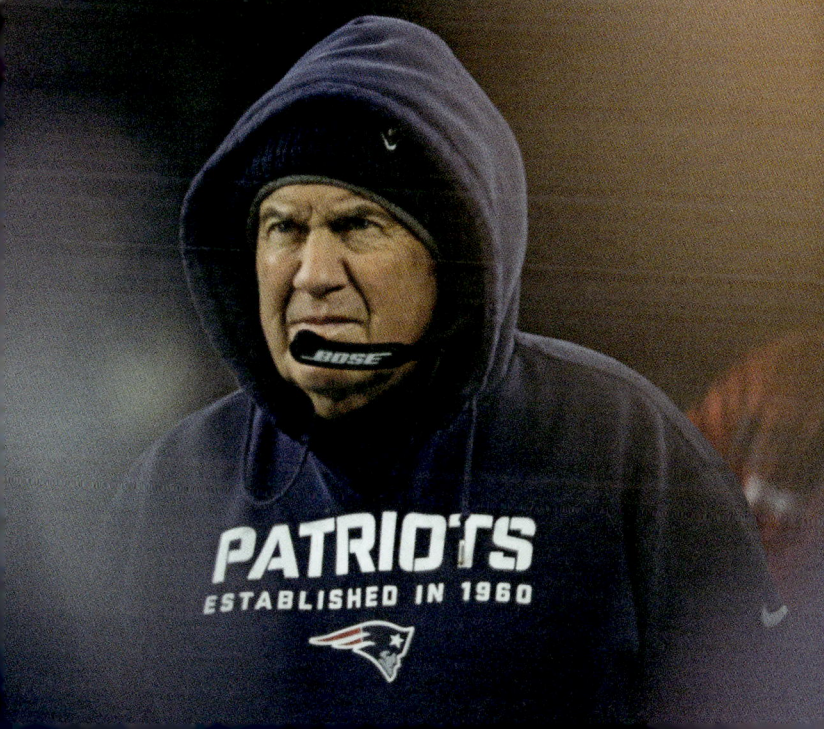

Nach einem Start mit nur fünf Siegen in der Saison 2000 übernahm im darauffolgenden Jahr Tom Brady als Starting Quarterback der Patriots. Es wurde der Beginn der wohl dominantesten Ära der NFL-Geschichte: 19 Jahre lang gewann New England immer mindestens neun Saisonspiele, 17-mal gewannen die Patriots die AFC East, sie zogen neunmal in den Super Bowl ein und gewannen diesen ganze sechsmal. Belichick stellte zahlreiche neue Rekorde auf, niemand hat jemals mehr Super-Bowl-Ringe erhalten als er.

Die Patriots im steten Wandel

Der wohl erfolgreichste Coach in der Geschichte der NFL vertraute dabei, anders als viele andere Trainer, nie lange auf ein bestimmtes System. Belichicks Teams befanden sich stets im Wandel, sowohl offensiv als auch defensiv. Mit Randy Moss als Star-Receiver setzten die Patriots in der Offensive zum Beispiel über einige Jahre auf ein vertikales System mit tiefen, aggressiven Pässen, nur wenig später wechselte das Team zu einer horizontal ausgerichteten Philosophie und löste diese schließlich wieder durch eine Offense ab, die primär über den Run funktionieren sollte. Belichicks Erfolg begann mit defensiv dominanten Teams, im Lauf der Zeit stellten die Patriots aber auch offensiv überragende Mannschaften, die die

Bill Belichick mit Patriots-Besitzer Robert Kraft (M.) beim Besuch im Weißen Haus

eigenen defensiven Schwächen kaschierten. Eine Entwicklung, die so nur möglich erscheint, weil Belichick nie aufhörte, das Spiel besser und besser verstehen zu wollen. Der dreimalige »Coach of the Year« besucht immer wieder andere Footballprogramme, um neue Inspirationen und Ideen zu erhalten. In der Vergangenheit studierte er unter anderem die West Coast Offense von Bill Walsh, die Flexbone Offense von Paul Johnson an der Navy-Akademie sowie die Organisationsstruktur der Dallas Cowboys unter Jimmy Johnson.

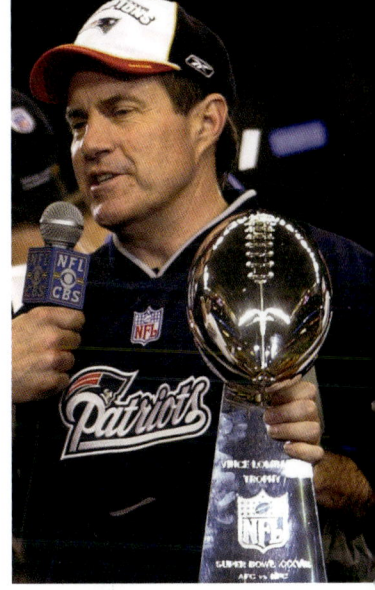

Bill Belichick nach dem Sieg im Super Bowl 2004

Spygate als dunkles Kapitel

Und doch enthält auch Belichicks Coaching-Karriere dunkle Kapitel: Im September 2007 wurde ein Mitarbeiter der Patriots dabei erwischt, wie er die Seitenlinie der New York Jets während eines Spiels filmte, um die Signale der Coaches an die eigene Defense zu erkennen. Die NFL knöpfte New England seinen Erstrundenpick in der folgenden Saison ab und verurteilte Belichick aufgrund von »Spygate«, wie der Vorfall von den Medien getauft wurde, zu 500.000 US-Dollar Strafe. Sieben Jahre später musste New England als Folge von »Deflategate«, bei dem das Team angeblich zu schwach aufgepumpte Bälle verwendet hatte, erneut auf zwei Draft-Picks verzichten, 2019 wurde schließlich ein weiteres Mal ein Mitarbeiter des Teams beim unerlaubten Filmen eines gegnerisches Teams entdeckt.

Belichick selbst wies jegliche Vorwürfe, wissentlich die Regeln gebrochen zu haben, stets von sich. Mit seinem ehemaligen Assistenz-Coach Eric Mangini, der die NFL als Head Coach der Jets 2007 erst auf die unerlaubten Praktiken der Patriots aufmerksam machte, hat er nie wieder ein Wort gewechselt. Loyalität blieb für Belichick bis heute ein hohes Gut: In seiner gesamten Zeit bei den Patriots hat er noch keinen seiner Coordinators gefeuert. Die hohen Posten in seinem Trainerstab besetzte er fast ausschließlich durch die Beförderung eigener Mitarbeiter oder durch ehemalige Weggefährten. Doch egal, welche Veränderungen Belichick an seinem Trainerstab auch vornahm, eines blieb stets wie es war: Die Patriots waren eines der besten Teams der Liga. Seit 20 Jahren hat sich daran nichts geändert.

Tom Brady

Der erfolgreichste Quarterback aller Zeiten

55

Als Joe Montana am 10. Januar 1982 in der letzten Minute des NFC Championship Games seinen Touchdown-Pass auf Dwight Clarke warf, die Ära der Dallas Cowboys beendete und so für einen der ikonischsten Momente der NFL-Geschichte sorgte, da befand sich auch ein vierjähriger Junge im Candlestick Park in San Francisco. Sein Name: Tom Brady. Bradys Familie besaß damals Dauerkarten für die Spiele der Niners, Montana war sein erklärter Lieblingsspieler und eines seiner großen Vorbilder. »The Catch inspirierte ihn«, verriet Bradys Vater später dem *Boston Globe*. »Er hat sich praktisch in Football verliebt. Wir kamen nach Hause und er hat sich sofort die Wiederholung des Spiels angesehen.« Was damals noch niemand ahnen konnte: Brady sollte tatsächlich in die Fußstapfen seines großen Idols treten, so manchen von dessen Rekorden brechen – und ihm sogar seinen Status als bester Spieler aller Zeiten streitig machen.

Vom 199. Pick zum Super Bowl MVP

Es war eine Entwicklung, auf die selbst knapp 20 Jahre später kaum etwas hingedeutet hatte. Als Brady in die NFL kam, erinnerte wenig an seiner Statur an einen Profisportler. Auch deshalb fiel er im NFL Draft Runde für Runde, erst mit dem 199. Pick wählten ihn schließlich die New England Patriots aus. Es sollte die wohl beste Draft-Entscheidung aller Zeiten werden. In seiner ersten Saison arbeitete sich der Rookie vom vierten zum zweiten Quarterback des Teams hoch, als sich Starter Drew Bledsoe in seinem zweiten Jahr in der Liga verletzte, hatte Bradys Stunde geschlagen. Gleich in seinem ersten Jahr als Starter führte der junge Quarterback die Patriots zum Sieg in der AFC East und wurde in den Pro Bowl gewählt, doch seine größten Leistungen folgten erst in den Playoffs. Mit Brady als Quarterback gewann New England seinen ersten Super Bowl, er wurde zum Super Bowl MVP gewählt.

Doch es war ein Triumph, der umstrittener kaum hätte zustande kommen können: Knapp zwei Minuten vor dem Ende seines ersten Playoff-Spiels, die Patriots lagen gegen die Oakland Raiders mit 10:13 zurück, verlor Brady bei einem Sack von Safety Charles Woodson den Ball aus der Hand. Oakland sicherte sich das Ei, das Spiel schien verloren. »Sie wussten, dass es ein Fumble ist. Wir allen wussten, dass es ein Fumble ist«, beschrieb

Raiders-Coach Jon Gruden die Szene später. Doch die Schiedsrichter entschieden anders: Aufgrund der so genannten Tuck Rule, laut der die Vorwärtsbewegung des Armes bereits zu einem Passversuch führte, wäre Brady kein Fumble unterlaufen, sondern er hätte einen Pass auf den Boden geworfen. Woodson bezeichnete die Regelauslegung später als »die schlechteste Entscheidung in der Geschichte des Sports«, die NFL selbst nannte es »die kontroverseste Wiederholung der NFL-Geschichte«. Die Tuck Rule ermöglichte den Patriots einen Sieg in der Verlängerung – und somit auch ihren ersten Super-Bowl-Sieg sowie den Beginn einer Dynastie.

Der wichtigste Baustein der Patriots-Dynastie

Brady gewann 2004 und 2005 seine Super Bowls Nummer zwei und drei, stellte mit zehn Playoff-Siegen in Serie einen neuen Rekord auf und führte New England 2007 zu einer perfekten Regular Season mit 16 Siegen ohne eine einzige Niederlage. Bei der Wahl zum MVP erhielt er 49 von 50 möglichen Stimmen, ein Ergebnis, das er drei Jahre später noch verbessern sollte, als er mit 100 Prozent der Stimmen erneut zum wertvollsten Spieler der NFL gewählt wurde.

Bradys Athletik zählte nach wie vor zu den schwächsten in der NFL, er selbst lief so gut wie nie mit dem Ball. Was ihn auszeichnete, waren sein Arbeitseifer, seine Spielintelligenz und seine Beherrschtheit unter Druck –

Tom Brady im Jahr 2019

Tom Brady nach dem Sieg im Super Bowl 2015

ganz so wie Montana 20 Jahre zuvor. Qualitäten, die es ihm ermöglichten, auch in seinen 40ern immer noch zu den besten Spielern der Liga zu gehören. Er war der wichtigste Baustein in der so flexiblen Offense der Patriots, seine Variabilität, sowohl als rhythmischer Kurzpassspieler als auch als aggressiver Quarterback erfolgreich sein zu können, erlaubte es New England erst, seine Offensive in so vielen Jahren immer wieder anzupassen und auf neue Stärken und Spieler auszurichten.

Legendär, aber nicht unumstritten

Doch auch Brady ist eine umstrittene Person. Einige halten ihn – ebenso wie Belichick – für einen Betrüger: 2015 urteilte die NFL im so genannten »Deflategate«-Skandal, es sei wahrscheinlich, dass Brady davon gewusst habe, dass die Patriots in einigen Spielen nicht ausreichend aufgepumpte Bälle einsetzten und dies ihrem Quarterback einen Vorteil verschafft habe. Trotz seines Einspruchs wurde der wohl größte Superstar der Liga schließlich für vier Ligaspiele gesperrt.

Andere wiederum sehen in Brady bis heute vor allem ein Produkt einer herausragenden Situation. Er sei vielmehr der Profiteur von optimalen Rahmenbedingungen als selbst einer der Garanten für den Erfolg der Patriots. Doch auch abseits des Spielfelds sorgte Brady mehrfach für Wirbel, beispielsweise durch seine selbst betonte Freundschaft zu Donald Trump.

Für die meisten ist Brady jedoch eine der größten Legenden des Sports und einer der besten Spieler aller Zeiten. Er ist dreifacher MVP und vierfacher Super Bowl MVP und gewann mehr Spiele als irgendein Quarterback vor ihm. Kein Quarterback war länger für ein und dasselbe Team aktiv, niemand spielte in oder gewann mehr Super Bowls als er, zudem hält er sowohl die Play-off- als auch die Super-Bowl-Rekorde für die meisten Touchdowns, die meisten Passing Yards sowie die meisten Completions. Zu guter Letzt ist Brady einer von nur zwei Spielern, die sich mehrfach zum MVP und mehrfach zum Super Bowl MVP krönen konnten. Der zweite Spieler ist Joe Montana. Bradys einstiges Idol.

Tom Brady gemeinsam mit seiner Frau Gisele Bündchen

Drew Brees

Der Passing-Rekordhalter schlechthin

56

Als Drew Brees am 9. Oktober 2018 einen tiefen Pass auf Tre'Quan Smith anbringt, beginnt der Superdome in New Orleans zu beben. Fans erheben sich von ihren Sitzen, selbst einige Gegner spenden Applaus. Brees hatte soeben den NFL-Rekord für die meisten Passing Yards aller Zeiten von Peyton Manning gebrochen. Nur etwas mehr als ein Jahr später, am 29. November 2019, wiederholt sich das Schauspiel, diesmal nach einem Pass von Brees auf Josh Hill. Nach dem Rekord für die meisten Passing Yards hatte sich der Quarterback an diesem Tag auch noch den Rekord für die meisten Passing Touchdowns in der Geschichte der NFL gesichert.

Unzählige Rekorde

Die Rekorde sind ein Beweis für die Klasse und Konstanz, die Brees seit mehr als zehn Saisons Jahr für Jahr in der NFL unter Beweis stellt. Zwischen 2006 und 2019 führte Brees die Liga siebenmal in Passing Yards, viermal in Passing Touchdowns und sechsmal in puncto Completion Percentage an. Er sammelte Rekorde wie kaum ein anderer Spieler auf seiner Position: Heute hält er neben den Bestmarken für Passing Yards und Passing Touchdowns auch die Rekorde für die meisten Completions, die höchste Completion Percentage, die meisten Saisons mit mehr als 5000 Passing Yards sowie die meisten Spiele mit einem Touchdown Pass in Serie. All das gelang ausgerechnet einem Spieler, dessen Karriere 2005, nur fünf Jahre nach seinem Debüt in der NFL, beinahe vor dem Ende zu stehen schien.

Brees erweckt die Saints zum Leben

Im letzten Spiel der Saison hatte sich Brees damals eine schwere Schulterverletzung zugezogen. Ob er seine Klasse nochmal zurückerlangen würde, stand zu diesem Zeitpunkt in den Sternen. Die San Diego Chargers, sein bisheriges Team, setzten aufgrund der Schwere der Verletzung auf Philip Rivers als künftigen Quarterback, auch andere Teams schreckten angesichts der unklaren Zukunft von Brees vor einer Verpflichtung zurück. So landete der Quarterback schließlich bei den Saints in New Orleans. Der Stadt, die nur ein Jahr zuvor in katastrophaler Weise von Hurrikan Katrina getroffen worden war. Statt in der Folge seiner Operation aus der Bahn geworfen zu werden, ging Brees' Stern in New Orleans jedoch

Drew Brees nach dem Super-Bowl-Sieg 2010

erst richtig auf. Gemeinsam mit Head Coach Sean Payton führte er die Saints in seiner ersten Saison zu ihrem ersten Division-Titel seit fünf Jahren sowie ins NFC Championship Game. Das Team – und Brees im Besonderen – wurden zum Gesicht für die Wiederauferstehung der Stadt. Drei Jahre später schlossen die Saints diesen Prozess mit ihrem Triumph über die Indianapolis Colts in Super Bowl XLIV tatsächlich krönend ab.

Erfolge in den Playoffs bleiben rar

Und doch: Trotz all seiner Rekorde und trotz seines Super-Bowl-Rings wird Brees nur selten im gleichen Atemzug wie Tom Brady oder Peyton Manning genannt. Über seine gesamte Karriere litt Brees immer wieder unter der schwachen Defense seines eigenen Teams, trotz ihres herausragenden Quarterbacks verpassten die Saints seit 2006 sechsmal die Playoffs. In seiner fast 20-jährigen Karriere kam Brees daher bislang nur auf 16 Playoff-Spiele und acht -Siege. Zum Vergleich: Ben Roethlisberger erreichte bislang 21 Spiele und 13 Siege, Peyton Manning 27 Spiele und 14 Siege und Tom Brady 41 Spiele und 30 Siege. In den Saisons 2017 bis 2019, in denen die Saints stets zu den besten Teams der Liga zählten, wurden die Super-Bowl-Träume des Teams schließlich auf tragische Weise erst durch das Minneapolis Miracle (siehe Kapitel 82) und anschließend den NOLA No-Call (siehe Kapitel 84) zunichte gemacht. Somit wartet Brees nach wie vor auf die Gelegenheit, seine Karriere triumphal abzuschließen. Nicht mit der Feier eines neuen Rekords. Sondern mit einem weiteren Gewinn des Super Bowls.

Nipplegate

Der wohl bekannteste Super-Bowl-Moment aller Zeiten

57

Der Super Bowl ist Jahr für Jahr das meistgesehene TV-Event in den Vereinigten Staaten, er zählt weltweit zu den Übertragungen mit den meisten Zuschauern. Angesichts dieser Dimensionen dürfte es niemanden verwundern, dass auch die Halbzeitshow des Spiels stets zu den absoluten Highlights des Fernsehjahres zählt. Das Ausmaß, welches das Spektakel in der Halbzeit von Super Bowl XXXVIII erreichte, hätte bis dahin vermutlich dennoch kaum jemand für möglich gehalten.

Eine Sekunde, die die USA in Ekstase versetzt

Was war passiert? Inmitten des Songs *Rock your Body* von Janet Jackson zog Justin Timberlake, der die Sängerin bei dem Lied als Duettpartner unterstützte, damals so an Jacksons Kostüm, dass ein Stück abriss und ihre rechte Brust vor mehr als 140 Millionen Fernsehzuschauern entblößte. Das Bild war für weniger als eine Sekunde auf den TV-Bildschirmen der Welt zu sehen, der übertragende Sender CBS wechselte umgehend zu einer Luftaufnahme des Reliant Stadiums in Houston. Doch die eine Sekunde genügte, um die USA in Ekstase zu versetzen.

Der Vorfall stieg noch am selben Tag zum meistgesuchten Begriff in der Geschichte des Internets auf, Jackson war sowohl im Jahr 2004 als auch im Jahr 2005 die meistgesuchte Person in Internet-Suchmaschinen. Laut dem Videorekorder-Service TiVo stellte die Sequenz das am häufigsten aufgenommene und am meisten angesehene Video aller Zeiten dar und war allein für rund 35.000 neue Abonnements des Dienstes verantwortlich.

Weitreichende Folgen

Die direkten Folgen von »Nipplegate« waren weitreichend: Die NFL beendete die Zusammenarbeit mit MTV, das die Halbzeit-Show produziert hatte, CBS wurde zu einer Strafe in sechsstelliger Höhe verdonnert und Viacom, der Medienkonzern, dem CBS und MTV angehören, verbannte jegliche Lieder und Videos von Jackson aus seinem Programm. Jawed Karim, einer der Gründer von YouTube, erklärte später sogar, der Vorfall hätte ihn erst auf die Idee zur Gründung der eigenen Videoplattform gebracht.

Jackson, die sich anschließend in einer Videobotschaft für ihren Auftritt entschuldigte, betonte vehement, dass der Skandal keineswegs ein PR-Stunt, sondern ein Missgeschick gewesen sei. Demnach hatte Timberlake zwar tatsächlich einen Teil ihres Kostüms abreißen, darunter aber nur den BH zum Vorschein kommen lassen sollen. Die Sängerin ging sogar so weit, die heftigen Reaktionen innerhalb der USA als politisch motiviert anzuprangern: »Die Tatsache, dass dies in einem Wahljahr passierte, hatte eine Menge damit zu tun. Sie brauchten etwas anderes als den Krieg, auf das man sich konzentrieren konnte, und ich war das perfekte Mittel dafür«, so Jackson. Ob Absicht oder nicht – kein Künstler und keine Künstlerin vor oder nach Jackson erreichte im Super Bowl jemals wieder eine vergleichbare Aufmerksamkeit. Das *Rolling Stone*-Magazin erklärte den Auftritt im Jahr 2013 somit zurecht zum »mit großem Abstand berühmtesten Moment in der Geschichte der Super-Bowl-Halbzeit-Show«.

Janet Jackson und Justin Timberlake im Moment des Skandals

Steve Gleasons Punt-Block

Ein Nobody erweckt eine Stadt zum Leben

58

Der Hurrikan Katrina zählt zu den größten Katastrophen auf US-amerikanischem Boden in diesem Jahrtausend. Der Sturm forderte mindestens 1245 Todesopfer, die verursachten Schäden stellten mit Kosten von über 125 Milliarden US-Dollar die höchsten aller Zeiten für einen tropischen Sturm dar. Besonders stark wurde New Orleans von dem Hurrikan heimgesucht. Die Stadt stand wochenlang unter Wasser, Zehntausende verloren den Zugang zu Trinkwasser und Nahrung. Bilder des ramponierten Superdomes von New Orleans, der während der Katastrophe als Rückzugsort eingesetzt wurde, gingen als Symbol der Zerstörungskraft des Sturmes um die Welt. Das Stadion der Saints musste für 185 Millionen US-Dollar renoviert werden, in der gesamten Saison 2005 war das Team gezwungen, seine Spiele außerhalb der Stadt auszutragen.

Die Nachricht der Rückkehr der Saints nach New Orleans elektrisierte schließlich die gesamten Vereinigten Staaten. Vor dem Spiel zur besten Sendezeit gegen die Atlanta Falcons traten die Goo Goo Dolls, U2 und Green Day auf, Ex-Präsident George H. W. Bush erschien, um den Münzwurf vor

Der Superdome in New Orleans unmittelbar nach Hurrikan Katrina

Steve Gleason im Jahr 2020

dem Spiel durchzuführen, und ESPN verzeichnete bei der Begegnung seine höchsten Zuschauerzahlen aller Zeiten.

Rebirth

Und: Die ersten Punkte der Saints sollten nicht lange auf sich warten lassen. Nach gerade einmal eineinhalb Minuten Spielzeit blockte Steve Gleason, ein Nobody, der in seiner NFL-Karriere bislang praktisch ausschließlich in den Special Teams zum Einsatz gekommen war, einen Punt von Michael Koenen. Curtis Deloatch stürzte sich in der Endzone auf den Ball, Touchdown! New Orleans ging mit 6:0 in Führung, die Stimmung im Superdome explodierte. Es war der Start einer herausragenden Saison für die Saints. New Orleans entschied nicht nur das Eröffnungsspiel mit 23:3 für sich, das Team gewann auch seine Division und zog in das NFC Championship Game ein – zum ersten Mal in seiner Geschichte.

Die Tat von Gleason, der seit 2011 an der unheilbaren Krankheit ALS leidet und später der Mittelpunkt der TV-Dokumentation *Gleason* wurde, wurde nie vergessen. Als die Saints drei Jahre später den Super Bowl gewannen, erhielt er einen der Super-Bowl-Ringe, obwohl er seine Karriere bereits nach der Saison 2006 beendet hatte. Im Juli 2012 wurde zudem eine neue Statue vor dem Superdome enthüllt. Sie zeigt Gleason im Moment des Punt Blocks. Ihr Titel: *Rebirth*.

Michael Vick

Wie einer der größten Superstars der NFL im Gefängnis landete

59

Mitte der 2000er-Jahre zählte Michael Vick zu den größten Stars der NFL. Vick mag zwar nie der beste Quarterback der NFL gewesen sein und klare Limitierungen als Passer gehabt haben, doch sein Spielstil war stets elektrisierend. Über Jahre war der Linkshänder der vielleicht spektakulärste Footballer auf dem Planeten, seine schiere athletische Überlegenheit machte jeden Spielzug zu einem potenziellen Highlight. Zudem war Vick einer der ersten Afroamerikaner, der erfolgreich auf der wichtigsten Position im Football spielte.

Vick wurde in drei seiner ersten vier Saisons in der NFL in den Pro Bowl gewählt, stellte neue Quarterback-Rushing-Rekorde in der Regular Season und in den Playoffs auf und durchbrach als erster Quarterback überhaupt die magische Marke von 1000 Rushing Yards in einer Saison. Im Dezember 2005 unterschrieb er einen neuen Vertrag bei seinem Team, den Atlanta Falcons, der ihm 130 Millionen US-Dollar einbringen sollte. Vick war einer der hellsten Sterne am NFL-Himmel – bis zum 25. April 2007.

Vick gesteht grausige Taten

An diesem Tag stieß die Polizei bei einer Ermittlung gegen einen Cousin von Vick auf schockierende Hinweise: Der Star-Quarterback war offenbar die treibende Kraft hinter einem Hundekampfring, auch Drogenhandel und Glücksspiel wurden ihm vorgeworfen. Zahlreiche Tierrechtsorganisationen schalteten sich ein, der Aufschrei in der US-amerikanischen Öffentlichkeit war gewaltig. Vick zeigte sich wenige Monate später geständig und gab zu, die illegalen Aktivitäten finanziert zu haben. Während dieses Prozesses kamen grausige Details ans Licht: Unter anderem räumte Vick ein, mehrere Hunde selbst erhängt oder ertränkt zu haben. Auf dem Höhepunkt seiner Karriere wurde er zu 23 Monaten Gefängnis verurteilt.

Für Vick, der noch während seiner Haftzeit von den Falcons entlassen worden war, bedeutete dies das Ende seines Daseins als Ikone, jedoch nicht das Ende seiner aktiven Karriere. Die Philadelphia Eagles ermöglichten ihm 2009 nach zwei Jahren Pause ein Comeback in der NFL und ernannten ihn später zu ihrem Starting Quarterback. Vick schaffte es erneut in den Pro Bowl und wurde von der NFL 2010 sogar als »Comeback Player of the Year« ausgezeichnet. 2011 nahm sein ehemaliger Sponsor Nike Vick zudem wieder unter Vertrag – es war das erste Mal, dass ein Sponsor einen ehemals verstoßenen Repräsentanten wieder zurückholte. Vick kämpfte für eine zweite Chance und versuchte sein ramponiertes Bild zumindest teilweise zu reparieren. Unter anderem setzte er sich öffentlich für die Einführung von H.R. 2492, einem geplanten neuen Gesetz, ein. Der Inhalt des Gesetzes: eine Erhöhung der Strafe für Zuschauer von illegalen Tierkämpfen.

Michael Vick während eines Spiels der Atlanta Falcons

JaMarcus Russell

Der wohl größte Draft-Bust aller Zeiten

60

Bei der Betrachtung von Spielern und ihrer Auswahl im Draft kann im US-Sport zwischen zwei extremen Bewertungen unterschieden werden. Einerseits gibt es die Draft-Steals, Spieler, die in ihrer Karriere eine deutlich bessere Leistung erbringen konnten als ihre eigentliche Draft-Position es hätte vermuten lassen. Andererseits existieren jedoch auch die Draft-Busts, Talente, die sehr früh im Draft ausgewählt wurden, diesem Status allerdings nie gerecht werden konnten. JaMarcus Russell gehört ohne jede Frage zu letzterer Kategorie.

Bereits vor dem Draft 2007 galt Russell als ein schwieriger Charakter. Mike Mayock, Draft-Experte beim NFL Network, beschrieb den Youngster damals als zu abgelenkt und undiszipliniert. Matt Millen, Präsident der Detroit Lions, behauptete später sogar, er habe Russell vor dem Draft wegen dessen permanenter Unaufmerksamkeit aus einem Meeting geschmissen. Doch die Oakland Raiders schreckten davor nicht zurück. Das Poten-

JaMarcus Russell an der Seitenlinie der Raiders

zial, das in Russell, einem Hünen mit herausragender Athletik und einem kraftvollen Arm, schlummerte, schien schlicht und ergreifend zu groß. Das Team wählte den ehemaligen Tigers-Quarterback schließlich mit dem ersten Pick im Draft aus.

Zahllose Undiszipliniertheiten

Was folgte, waren drei Jahre voller skurriler Meldungen rund um einen Quarterback, der auf dem Feld nur äußerst selten überzeugte. Russell litt unter großen Konzentrationsschwächen, Team-Meetings mussten oft für ihn unterbrochen werden, andernfalls drohte er einzuschlafen. Nach den Sommerpausen erschien er immer wieder mit fast 20 Kilogramm Übergewicht zum Training. Raiders-Linebacker Kirk Morrison gab nach seinem Karriereende zudem eine ganz besondere Anekdote preis: Laut Morrison hatte Russell einst eine DVD mit Spielzügen, die die Raiders in ihren Gameplan für das kommende Spiel aufnehmen wollten, erhalten. Diese sollte er anschauen und sich Gedanken dazu machen, welche Ideen ihm gefielen und welche nicht. Als Russell am nächsten Tag behauptete, ihm hätten alle Spielzüge auf der DVD zugesagt, offenbarte ihm sein Coach John DeFilippo, dass sich auf der Disk keine einzige Datei befunden habe. Es war ein Test gewesen, um herauszufinden, ob Russell sich die DVDs, die das Team für ihn zusammenstellte, überhaupt anschaute. Und dieser war glatt durchgefallen.

Raiders entlassen ihren einstigen Hoffnungsträger

Das Desinteresse und die Bequemlichkeit des Quarterbacks schlugen sich auch in Russells Leistungen auf dem Feld nieder: Nach zahlreichen verheerenden Vorstellungen verlor er seine Position als Starting Quarterback schließlich im Jahr 2009. Er beendete die Saison mit dem schlechtesten Passer Rating und der niedrigsten Completion Percentage aller Starter, nur fünf Monate später entließen die Raiders ihren einstigen Hoffnungsträger. Mit Ausnahme einiger Probetrainings sollte dies das Ende von Russells NFL-Karriere gewesen sein. Kein Team zeigte jemals wieder größeres Interesse an den Diensten des ehemaligen Mega-Talents.

Heute gilt Russell als das Paradebeispiel dafür, welches Schicksal Spieler, die dem Training und der Vorbereitung in der NFL nicht genügend Zeit schenken, auf dem höchsten Level erwartet. Zahlreiche Medien, darunter sogar nfl.com, bezeichneten ihn schließlich als den größten Draft-Bust in der Geschichte der NFL. Russell ging in die Geschichtsbücher der NFL ein: Kein Nummer-eins-Pick eines Drafts wurde jemals schneller von seinem Team entlassen als er.

Randy Moss

Dominanter Receiver und schwieriger Charakter

61

Als Randy Moss im Jahr 2018 in die Pro Football Hall of Fame aufgenommen wurde, war dieser Prozess letztlich nicht mehr als eine Formsache. Nicht allzu viele Spieler hatten sich ihren Platz im Kreis der besten Spieler aller Zeiten zuvor so einvernehmlich erarbeitet wie er. Moss hält bis heute den Rekord für die meisten Touchdown-Catches in einer Saison, fing in vier verschiedenen Saisons mehr als 14 Touchdowns, verzeichnete in seinen ersten sechs Spielzeiten immer mehr als 1200 Receiving Yards und führte die NFL 2003 mit mehr als 1600 Receiving Yards in der Regular Season an.

Der vielleicht dominanteste Receiver aller Zeiten

Am Höhepunkt seiner Karriere war Moss der vielleicht dominanteste Wide Receiver aller Zeiten, seine Kombination aus Geschwindigkeit und Sprungkraft machte es seinen Gegenspielern praktisch unmöglich, ihn im Eins-gegen-eins zu verteidigen. Die Folge waren die sogenannten »Randy Rules«, die praktisch jede gegnerische Defense befolgten: Dies bedeutete eine deutlich erhöhte Konzentration auf Moss, entweder durch Double-Teams oder durch Zone Coverages, in denen der Fokus klar auf Moss' Spielfeldseite lag.

Darüber hinaus war Moss' Spielstil schlicht und ergreifend spektakulär. Der Wide Receiver sorgte in praktisch jedem Spiel für atemberaubende Highlight-Catches. Sein geradezu unglaublicher Touchdown gegen die Dallas Cowboys im Jahr 2000, bei dem Moss seine Fußspitzen als einziges Körperteil noch innerhalb des Spielfelds hielt, lief in der Werbungen der NFL über Jahre rauf und runter.

Moss sorgt für Ärger

Und doch galt Moss stets auch als schwieriger Charakter. Im Draft 1998 fiel er aufgrund einer kriminellen Vergangenheit bis auf Position 21, ehe ihn die Minnesota Vikings auswählten. Nach seinem Trade zu den Oakland Raiders gab er 2005 unverblümt zu, dass seine schwache Form wohl damit zusammenhänge, dass er überhaupt keine Lust habe, für sein neues Team zu spielen, und 2010 wurde er nur wenige Wochen nach seiner Rückkehr zu den Minnesota Vikings wegen eines Matchkampfs mit Head Coach Brad Childress schon wieder entlassen.

Randy Moss im Jersey der New England Patriots

Der Super-Bowl-Sieg bleibt ihm verwehrt

Eines kann dem Modellathleten allerdings nicht abgesprochen werden: sein unbedingter Wille zu gewinnen. Im Jahr 2007 freute er sich so sehr über die Gelegenheit, für die erfolgreichen New England Patriots zu spielen, dass er eine Gehaltskürzung bereitwillig in Kauf nahm. Vor diesem Hintergrund erscheint der Ausgang der Saison letztlich umso bitterer: Auch dank eines absolut herausragenden Moss gewannen die Patriots damals alle 16 Saisonspiele und zogen bis in den Super Bowl ein, wo er sein Team durch einen Touchdown drei Minuten vor dem Ende sogar in Front brachte. Von der Seitenlinie aus musste Moss jedoch schließlich mit ansehen, wie Eli Manning seine Giants das Feld herunter zu einem absoluten Sensationssieg führte. Zum Abschluss seiner Karriere stand der Wide Receiver mit den San Francisco 49ers in einer deutlich reduzierten Rolle ein weiteres Mal im größten Spiel der NFL, nur um erneut unmittelbar vor dem Ziel zu scheitern. Moss' Traum von einem Super-Bowl-Sieg blieb ihm bis zuletzt verwehrt.

Der Helmet Catch

Wie David Tyree und Eli Manning die perfekte Saison der Patriots zerstörten

62

Die Saison 2007 sollte das Jahr der New England Patriots werden. Tom Brady und Co. standen nicht nur dicht davor, ihren vierten Super Bowl innerhalb von sieben Jahren zu gewinnen, sie waren sogar nur einen weiteren Sieg davon entfernt, etwas noch nie Dagewesenes zu erreichen. Doch sie scheiterten unmittelbar vor ihrem großen Ziel. Sie scheiterten an den New York Giants. An Eli Manning. Und an David Tyree. Die Patriots hatten in dieser Saison alle Spiele der Regular Season für sich entschieden, ein Erfolg, den zuvor einzig die Miami Dolphins 1972 (siehe Kapitel 22) erreicht hatten, die damals allerdings auch nur 14 statt 16 Spiele gewinnen mussten. Nach klaren Playoff-Siegen über die Colts und die Steelers stand New England schließlich im Super Bowl. Etwas Historisches schien greifbar nah: Die Patriots hätten die erste perfekte Saison seit der Spielplanänderung auf 16 Spiele erreichen können.

Der größte Super-Bowl-Moment?

Wenig überraschend ging New England also als klarer Favorit in das Endspiel. Die Buchmacher sagten einen klaren Sieg mit zwölf Punkten Vorsprung für die Patriots voraus. Und wenige Minuten vor dem Ende des Super Bowls deutete auch alles auf den 19. Sieg im 19. Spiel für das Team von Bill Belichick hin – bis die Giants ihren letzten Drive starteten. Weniger als drei Minuten vor dem Ende bekam New York den Ball an der eigenen 17-Yard-Linie, marschierte das Feld hinunter und ging durch einen Touchdown-Pass von Manning auf Plaxico Burress schließlich nur 35 Sekunden vor Spielende mit 17:14 in Führung. Es war zu wenig Zeit für die Patriots, um nochmal zurückzuschlagen. Die Außenseiter gewannen den Titel. Die perfekte Saison blieb unerreicht.

Seinen legendären Status erhielt das Spiel dabei allerdings erst vollends durch Tyree und seinen unglaublichen Catch 66 Sekunden vor dem Ende des Spiels. Bei einem Third-and-Five wurde Manning unmittelbar nach dem Snap gleich von mehreren Patriots-Spielern attackiert, später dankte er seiner Offensive Line im Scherz dafür, ihm »keinerlei Schutz« geboten zu haben. Die Patriots-Verteidiger Jarvis Green und Richard Seymour hatten Manning an dessen Jersey zu fassen bekommen, das Play schien bereits vorbei, ein Sack unausweichlich.

Und doch gelang es Manning irgendwie, sich von seinen Gegenspielern zu lösen, aus einer Traube von Patriots-Verteidigern herauszustolpern und einen tiefen Pass in die Mitte des Feldes zu feuern. Dort stieg Tyree in die Höhe, bekam umringt von Gegenspielern eine Hand an den Ball, presste diesen gegen seinen Helm und ging mit einer Hand am Ball zu Boden. Es war eine absolut herausragende Tat in einem Moment, wie er größer und wichtiger kaum hätte sein können. Als Helmet Catch erreichte das Play absoluten Legendenstatus.

ESPN kürte ihn wenig später zum Play des Jahres, zahlreiche US-amerikanische Medien, darunter auch nfl.com, erklärten Mannings Pass und Tyrees Catch sogar zum größten Moment in der Geschichte des Super Bowls. Auch *Fox Sports*-Redakteur Adrian Hasenmayer schloss sich dieser Einordnung an. Sein Fazit zum Helmet-Catch: »Er war eine Beleidigung für Albert Einstein und die Gesetze der Physik.«

David Tyree fängt Eli Mannings Pass akrobatisch.

Die Detroit Lions 2008

Das wohl schlechteste Team aller Zeiten

63

»Über 16 Wochen, seit ihrem Spiel in Atlanta im September, haben die Lions das Spielfeld stets in dem Glauben betreten, dies würde ihr Tag werden. 16-mal lagen sie falsch. Sie sind das schlechteste Team in der Ligageschichte. 0 und 16, diese Zahlen werden für immer mit den Detroit Lions in Verbindung gebracht werden.« Dan Miller, der Radiokommentator der Lions, sprach am 28. Dezember 2008 das aus, was die meisten seiner Zuhörer ohnehin bereits wussten: Durch seine Niederlage gegen die Green Bay Packers hatte Detroit soeben Geschichte geschrieben. Als erstes Team überhaupt hatten die Lions alle 16 Spiele in einer Saison verloren. Es war eine Entwicklung, die nur wenige Monate vorher vermutlich niemand hatte kommen sehen: Die Lions hatten im Vorjahr ihre beste Saison seit mehr als fünf Jahren gespielt, zudem hatten sie alle ihrer vier Preseason-Spiele gewonnen. Eigentlich sollte es das Jahr der Lions werden. Doch es kam ganz anders. Das Team verlor nicht nur alle Saisonspiele, auch den Rekord für die schlechteste Defense aller Zeiten verpasste Detroit nur um Haaresbreite.

Zahllose Undiszipliniertheiten

Zum Sinnbild der Saison der Lions wurde letztlich der groteske Fehler von Dan Orlovsky in Woche sechs gegen die Minnesota Vikings. Von der Defense unter Druck gesetzt, lief der Quarterback völlig orientierungslos an der Rückseite aus der eigenen Endzone heraus und verursachte so einen Safety, der schlussendlich über Niederlage oder Verlängerung entscheiden sollte: Das Spiel endete 12:10 für die Vikings. Das NFL Network wählte die Lions nur wenige Monate später zum schlechtesten Team aller Zeiten. Große Veränderungen ließen nicht lange auf sich warten: Head Coach Rod Marinelli wurde gefeuert, auch sein Offensive und sein Defensive Coordinator durften sich ein neues Team suchen. Der Erfolg stellte sich jedoch auch so nur stockend ein. Selbst mit Nummer-eins-Pick Matthew Stafford als neuem Quarterback gewannen die Lions im Folgejahr gerade mal zwei Spiele.

Die vier sieglosen Teams in der NFL-Geschichte

Tampa Bay Buccaneers (1976): 0-14
Baltimore Colts (1982): 0-8-1
Detroit Lions (2008): 0-16
Cleveland Browns (2017): 0-16

Aaron Rodgers

Jahrhunderttalent und Querkopf

64

Aaron Rodgers in Super Bowl XLV gegen die Pittsburgh Steelers

Wer heute auf die Anfänge der Karriere von Aaron Rodgers, für manche der talentierteste Quarterback, der jemals ein NFL-Feld betreten hat, zurückblickt, wird kaum glauben können, dass der junge Aaron seine Footballschuhe im Alter von 17 Jahren um ein Haar wieder an den Nagel gehängt hätte. Trotz herausragender Leistungen auf der High School zeigte kein einziges College wirkliches Interesse an den Diensten des angeblich zu kleinen und zu schmalen Rodgers. Dieser hatte sich bereits mit einem Dasein als Jurist abgefunden, erst ein Angebot eines kleinen Community Colleges in Oroville änderte die Pläne des späteren NFL MVPs im letzten Moment noch. Rodgers stach auf dem College von Beginn an heraus, nach nur einem Jahr warben ihn die California Golden

Bears ab, im NFL Draft 2005 wählten ihn die Green Bay Packers schließlich in der ersten Runde aus.

Champion und zweifacher MVP

In Green Bay musste sich Rodgers allerdings vorerst mit einem Platz hinter dem großen Brett Favre zufriedengeben. Der Youngster lernte von der Packers-Legende und durchlief gleichzeitig die Quarterback-Schule von Head Coach Mike McCarthy. Erst 2008 erhielt Rodgers durch Favres verfrühte Entscheidung, seine Karriere zu beenden, seine Chance – und nutzte diese voll und ganz. Bereits in der Saison 2009 stellten die Packers mit 461 Punkten in der Saison einen neuen Teamrekord auf, als erster Spieler überhaupt warf Rodgers in seinen ersten beiden Jahren als Starter für mehr als 4000 Yards. Nur ein Jahr später führte der Quarterback seine Packers in Super Bowl XLV zum Sieg über die Pittsburgh Steelers und wurde zum MVP des Spiels gewählt. 2011 spielte Rodgers schließlich eine der besten Saisons eines Quarterbacks in der Geschichte der Liga, warf 45 Touchdowns bei nur sechs Interceptions und wurde mit mehr als 95 Prozent der Stimmen zum MVP gewählt. Ein Titel, den er 2014 ein weiteres Mal verliehen bekommen sollte.

Toxische Beziehung zu McCarthy

Rodgers gelangen Würfe, die praktisch unmöglich erschienen, teilweise brachte er die eigentlich geradezu unmöglichen Hail Marys an, als wäre dies die einfachste Sache der Welt. Die Kombination aus Kraft und Genauigkeit seiner Würfe war ligaweit unerreicht. Und doch: Trotz ihres herausragenden Quarterbacks gelang es den Packers nicht, eine eigene Ära zu gestalten. Rodgers' Super-Bowl-Sieg 2011 sollte sein einziger bleiben. Die Chemie im Team soll zeitweise geradezu toxisch gewesen sein, besonders das Verhältnis zwischen Rodgers und McCarthy galt als äußerst angespannt. Oft starrte Rodgers nach erfolglosen Spielzügen vorwurfsvoll in Richtung Seitenlinie, 2017 schrie er McCarthy sogar ein »Stupid fucking Call!« entgegen.

Rodgers gewinnt den Matchkampf

Medienberichten zufolge hatte Rodgers McCarthy bereits seit dessen Amtsantritt 2006 kritisch gegenübergestanden. Der Grund: Ein Jahr zuvor hatte sich der junge Quarterback im Draft ernsthafte Hoffnungen darauf gemacht, an erster Stelle von seinem Lieblingsteam, den San Francisco 49ers, ausgewählt zu werden. Diese entschieden sich damals allerdings für Alex Smith, auch weil ihr damaliger Offensive Coordinator sich für Smith als den besseren Quarterback ausgesprochen haben soll. Der Name dieses Offensive Coordinators: Mike McCarthy. Je stärker der Erfolg der Packers unter McCarthy nachließ, desto mehr rebellierte dessen Quarterback. Rodgers änderte zahlreiche Spielzüge und interpretierte die Offense fortan so, wie er es für richtig hielt – und nicht so, wie es von McCarthy vorgegeben wurde. 2018 verlor der Coach den Machtkampf schließlich: Noch während der laufenden Saison setzten die Packers McCarthy vor die Tür.

Keiner der besten aller Zeiten?

Heute zählt Rodgers zu den besten Quarterbacks seiner Zeit. Er hält Rekorde für das beste Passer Rating, das beste Touchdown-Interception-Verhältnis sowie die niedrigste Interception Rate aller Zeiten. In die Konversation um den größten Spieler aller Zeiten schafft es die Nummer 12 der Packers allerdings nur selten – trotz seines womöglich unerreichten Talents.

Aaron Rodgers (r.) und Head Coach Mike McCarthy

Sebastian Vollmer

Der beste Deutsche in der NFL

65

Vom einstigen Schwimmer zum Neuling im deutschen Football über das College bis in die NFL. Dass es für ihn jemals so weit gehen würde, hätte Sebastian Vollmer zu Beginn seiner Karriere wohl selbst nicht zu träumen gewagt. Als erstem Spieler überhaupt gelang ihm der Sprung aus Deutschland bis in die beste Liga der Welt. Vollmer erlernte das Spiel bei den Düsseldorf Panthern, wo er neben seiner späteren Position als Offensive Tackle auch als Guard und als Center eingesetzt wurde. »Als ich zum ersten Mal starten sollte, bin ich in die Bibliothek gegangen, um zu verstehen, was es hieß, wenn sie sagten, es sei Third-and-Ten«, erinnerte sich Vollmer später. Doch der Hüne lernte schnell: Er wurde Starting Left Tackle bei den Panthern, schaffte es in die Jugendnationalmannschaft und wurde bei einer USA-Reise mit dem Team tatsächlich von Trainern der Universität von Houston entdeckt und mit einem Stipendium ausgestattet.

Eine Konstante an Bradys Seite

Fünf Jahre später meldete sich Vollmer für den NFL Draft an, hatte aber offenbar selbst nicht damit gerechnet, so früh gedraftet zu werden, wie es schließlich geschah – immerhin war der Deutsche mit 25 Jahren rund drei Jahre älter als die meisten anderen Talente gewesen. Als die New England Patriots Vollmer in der zweiten Runde auswählten, hatte dieser noch nicht mal den Fernseher eingeschaltet, um die Übertragung zu verfolgen.

Doch New England sollte seine Entscheidung nicht bereuen: Bereits im sechsten Spiel seiner ersten Saison durfte Vollmer erstmals starten. Das Spiel endete in einem 59:0 der Patriots über die Titans, der höchste NFL-Sieg seit mindestens 1966. Bereits ein Jahr später wurde Vollmer ins All-Pro Team gewählt, ESPN bezeichnete ihn als den »besten Offensive Tackle, von dem Sie noch nie gehört haben«. Der Deutsche entwickelte sich zu einer echten Konstante an der Seite von Tom Brady. 2012 verlängerten die Patriots Vollmers Vertrag und ließen sich seine Dienste knapp sieben Millionen US-Dollar jährlich kosten, zwei Jahre später gewann er beim dramatischen Sieg der Patriots über die Seahawks schließlich seinen ersten Super Bowl.

Was viele allerdings nicht wissen: Vollmer war nicht der erste Deutsche, der in der NFL spielte oder im Draft ausgewählt wurde, er war nicht mal der erste deutsche Spieler, der den Super Bowl gewann. Markus Koch wurde bereits 1986 gedraftet und gewann mit den Washington Redskins zwei Jahre später den Super Bowl. Koch wuchs allerdings in den USA auf und lebt bis heute in den Vereinigten Staaten, sodass seine Geschichte hierzulande kaum bekannt ist.

Experte nach der aktiven Karriere

Vollmer, der in seiner Karriere immer wieder mit Verletzungen zu kämpfen hatte, wurde derweil zwei Jahre später zu seinem Karriereende gezwungen. Aufgrund einer Schulteroperation sowie schweren Hüftproblemen verpasste er die gesamte Saison 2016 und verlor innerhalb eines Jahres fast 40 Kilogramm. Wenige Monate später gab er sein Karriereende bekannt. Seiner Begeisterung für Football sollte dies allerdings keinen Dämpfer verpassen: Heute ist Vollmer als NFL-Experte im Einsatz und nimmt gemeinsam mit Markus Kuhn, einem weiteren deutschen ehemaligen NFL-Spieler, wöchentliche Podcast-Folgen auf.

Sebastian Vollmer im Einsatz für die New England Patriots

Tim Tebow

Von heute auf morgen vom Publikumsliebling zum Bankdrücker

66

Die NFL ist ein schnelllebiges Geschäft. Wer heute gefeiert wird, kann morgen schon nicht mehr gefragt sein und ist übermorgen womöglich sogar schon vergessen. Kaum jemand verdeutlicht das besser als Tim Tebow, der innerhalb eines Jahres vom Fanliebling zum Arbeitssuchenden wurde. Tebow war das Rampenlicht schon immer gewöhnt gewesen: Bereits als Jugendlicher begleitete ihn lange ein Team von ESPN und veröffentlichte schließlich einen Film mit dem vielsagenden Titel *Tim Tebow: The Chosen One*. Nach seinem High-School-Abschluss rissen sich sämtliche Colleges um den Quarterback. Trotz Angeboten aus Alabama und anderen namhaften Schulen entschied sich Tebow jedoch dafür, in der Nähe seiner Heimat zu bleiben und schrieb sich an der Universität von Florida ein. Seine College-Zeit kann nur als eine einzige Erfolgsstory beschrieben werden: Tebow gewann als erster Sopho-

Tim Tebow beim Gebet vor einem Spiel der Denver Broncos

more überhaupt die Heisman-Trophäe und führte seine Schule in seinem zweiten Jahr als Starter zum nationalen Titel.

Publikumsliebling in Denver

Doch Tebow war stets ein Spieler, der polarisierte. Zum einen aufgrund seines Spielstils: Er war nie ein besonders akkurater Passer, er lebte als Quarterback von seiner Physis und Athletik, auf dem College war er durch seine Läufe stets mindestens genauso gefährlich wie durch seine Pässe. Gleichzeitig sorgte er als bekennender Christ, der vor jedem Spiel am Spielfeldrand betete, sich zu seiner Jungfräulichkeit bekannte und Homosexualität ablehnte, auch abseits des Spielfelds für Schlagzeilen. Trotz öffentlicher Zweifel und Kritik wählten ihn die Denver Broncos im NFL Draft 2010 schließlich an 25. Stelle aus. Über Nacht wurde Tebow zum neuen Publikumsliebling in Colorado, die Zahlen seiner Trikotverkäufe brachen gleich mehrere NFL-Rekorde. Auf seine Zeit als Starting Quarterback der Broncos musste er allerdings noch über ein Jahr warten: Nach vier Spielen ersetzte Tebow in seiner zweiten NFL-Saison schließlich Kyle Orton – und feierte gleich in seinem ersten Auftritt einen 18-Punkte-Comeback-Sieg. Es sollte nicht das letzte Mal gewesen sein: Praktisch die gesamte Saison über präsentierten sich die Broncos-Offense und Tebow über weite Strecken zahnlos, gewannen aber doch immer wieder Spiele in dramatischer Weise. Denver zog auf diese Art sogar in die Playoffs ein und setzte dort die eigene Serie mit einem Overtime-Sieg über die Pittsburgh Steelers fort. Auch wenn Tebow und Co. sich in der nächsten Runde chancenlos präsentierten, so hatten die Broncos doch ihren ersten Playoff-Sieg seit Jahren feiern können.

Zweiter Anlauf als Baseballer

Und dennoch: Die Zweifel rund um Tebow blieben bestehen. Seine Ungenauigkeit als Passer sowie seine Fumble-Probleme waren gravierend. Als sich die Chance ergab, den legendären Peyton Manning zu verpflichten, schlug Denver zu und verschiffte Tebow für einen Spottpreis zu den New York Jets. Sein letztes Playoff-Spiel sollte somit gleichzeitig auch sein letztes Spiel als Starting Quarterback gewesen sein. In New York ließ man Tebow fast ausschließlich bei Trickspielzügen ran, trotz lauter Forderungen der Fans wollte Head Coach Rex Ryan von dem ehemaligen College-Star als seinem Quarterback nichts wissen. Nach nur einer Saison in New York wurde Tebow entlassen – und schaffte es nie wieder in einen NFL-Kader. Seinen Traum vom Profisport hat er jedoch bis heute nicht aufgegeben. Im Jahr 2016 unterschrieb Tebow einen Vertrag als Baseball-Profi. Ironischerweise: bei den New York Mets.

Bountygate

Als die New Orleans Saints ihre Gegner absichtlich verletzen wollten

67

Das Playoff-Aus der Minnesota Vikings im NFC Champion-ship Game 2010 zählt zu den bittersten der jüngeren Vergangen-heit. Wenige Minuten vor dem Ende warf Quarterback Brett Favre in einem ausgeglichenen Spiel eine böse Interception, in der Verlängerung verloren die Vikings schließlich durch ein Field Goal, ohne nochmal in Besitz des Balles gekommen zu sein.

Whistleblower meldet sich bei der NFL

Doch die Niederlage gegen die New Orleans Saints sollte in den fol-genden Monaten eine noch viel größere Bedeutung erhalten: Zahl-reiche Spieler und Coaches der Vikings vermuteten anschießend, die Saints hätten Favre absichtlich verletzen wollen, Head Coach Brad Childress sprach von 13 Szenen, in denen Verteidiger den Quarterback besonders hart angegangen seien. Vikings-Teambesitzer Zygi Wilf legte sogar offiziell Beschwerde wegen der Spielweise der Saints ein. Die Vorwürfe verpufften zunächst – bis ein Whistleblower sich bei der NFL meldete. Ihm zufolge hatte Gregg Williams, Defensive Coordinator der Saints, sowohl Favre als zuvor auch Kurt Warner als Opfer für besonders harte Attacken seiner Spie-ler ins Auge gefasst.

Kopfgeld-Programm von Williams

Die NFL hatte genug gehört und startete eigene Ermittlungen gegen die Saints, die sich über zwei Jahre hinziehen sollten. Am 2. März 2012 veröffentlichte die Liga schließlich schockierende Erkenntnisse: Seit seinem Amtsantritt im Jahr 2009 hatte Williams eine Art Kopfgeld-Pro-gramm in New Orleans betrieben, mehr als 20 Spieler sollen daran beteiligt gewesen sein. Neben Favre und Warner waren demnach allein in der Saison 2011 auch Aaron Rodgers, Cam Newton und Matt Hasselbeck ins Auge der Defense gefasst worden. Für Tackles, die gegnerische Spieler so verletz-ten, dass sie das Spiel gegen die Saints nicht mehr zu Ende spielen konnten, sollen dabei besonders hohe Prämien ausgeschüttet worden sein. Williams, der womöglich bereits in Tennessee, Washington und Buffalo ähnliche Sys-teme etabliert hatte, gab nach anfänglicher Zurückweisung der Vorwürfe schließlich alles zu.

NFL spricht lange Sperren aus

Die Strafen von NFL Commissioner Roger Goodell fielen hart aus: Williams wurde für ein Jahr gesperrt, auch Head Coach Sean Payton, der von dem Handeln seines Assistenten gewusst und dieses sogar vor der Liga verborgen haben soll, musste die gesamte Saison 2012 aussetzen. Die Saints wurden dazu verurteilt, 500.000 US-Dollar Strafe zahlen, und verloren ihre Zweitrundenpicks im Draft 2012 sowie 2013. Lange Abneigung mussten die verurteilten Trainer allerdings nicht erleiden: Payton übernahm die Saints nach Ablauf seiner Sperre sofort wieder als Head Coach, Williams kam nach nur einem Jahr Pause als Trainer bei den Titans unter, bereits ab dem Jahr 2014 arbeitete er erneut als Defensive Coordinator.

So ehrlos die Praktiken von Williams bei den Saints auch gewesen sein mögen, allzu effektiv waren sie offenbar nicht. Eine Studie des American Enterprise Institute untersuchte im Jahr 2012, inwieweit die für harte Tackles versprochenen Boni zu mehr Verletzungen bei gegnerischen Teams geführt hatten. Das Fazit der Wissenschaftler: »Die Daten zeigen, dass das Kopfgeld-System die Spielweise der eigenen Spieler wahrscheinlich nicht beeinflusst hat.«

Gregg Williams im Gespräch mit Spielern seiner Defense

Der Referee Lockout 2012

Als die NFL neue Schiedsrichter anheuerte und dies umgehend bereute

68

Wie in praktisch jedem anderen Sport auch, ist das Dasein des Schiedsrichters im Football kein einfaches. Die Unparteiischen scheinen immer nur dann im Rampenlicht zu stehen, wenn sie eine Fehlentscheidung getroffen haben. Und doch schlossen sich Fans und Spieler im September 2012 zusammen und setzten sich für eine bessere Vergütung für die Schiedsrichter ein. Der Grund: der Referee Lockout 2012.

Katastrophale Ersatzschiedsrichter

Zu einem Lockout kommt es im US-Sport immer dann, wenn sich die Liga mit einem ihrer Partner nicht auf einen Vertrag einigen kann. In der Regel betrifft dies die Spieler, im Juni 2012 scheiterten allerdings die Verhandlungen zwischen der NFL und der Schiedsrichter-Gesellschaft. Die Folge: Die Liga engagierte kurzerhand neue Offizielle, die spontan als Ersatz für die regulären Schiedsrichter in die Bresche springen sollten, so genannte Replacement Officials. Diese waren zuvor ausschließlich in der High School oder auf einem niedrigen College-Level zum Einsatz gekommen. Die Resultate fielen – wenig überraschend – geradezu katastrophal aus. Nur wenige Stunden vor dem Spiel der Saints gegen die Panthers musste die NFL einen ihrer Referees wieder von der Partie abziehen, da publik geworden war, dass dieser ein glühender Anhänger der Gastgeber war. Den 49ers wurden in einem anderen Match derweil gleich zwei Timeouts zu viel gewährt und beim Spiel der Ravens gegen die Patriots kam es nach mehreren Fehlentscheidungen der Referees zu minutenlangen »Bullshit«-Sprechchören von den Zuschauerrängen.

Die »Fail Mary«

Das Fass zum Überlaufen brachte letztlich allerdings die »Fail Mary«, ein langer Pass der Seattle Seahawks im Spiel gegen die Green Bay Packers, den Wide Receiver Golden Tate in letzter Sekunde fing und Seattle so zum Sieg führte – obwohl er zuvor eindeutig regelwidrig einen Gegenspieler aus dem Weg geschubst hatte. Ein Tweet von Packers-Guard TJ Lang, in dem dieser die NFL im Anschluss an das Spiel darum bat, ihm eine so hohe Strafe aufzubrummen, dass mit den Geldern endlich die regulären

Schiedsrichter bezahlt werden könnten, wurde tausendfach geteilt. Die Liga reagierte umgehend. Nur wenige Tage später war der Streit mit der Schiedsrichter-Gesellschaft beigelegt und die Referees konnten wieder ihrer Arbeit nachgehen. Ein unprofessioneller Eindruck der NFL blieb allerdings. Oder wie es Jon Gruden, TV-Experte beim Spiel der Seahawks und Packers, ausgedrückt hatte: Ein »tragisches, skurriles Bild« der NFL.

Zwei Replacement Officials geben den Touchdown der Seahawks gegen die Packers.

Der Butt Fumble

Der vielleicht bizarrste Fehler in der NFL

69

Mark Sanchez kann auf eine bewegte Footballkarriere zurückblicken. Der Quarterback wurde bei den USC Trojans auf dem College einst zum besten Spieler seiner Division gekürt, er wurde im NFL Draft 2009 in der ersten Runde ausgewählt, spielte in 79 NFL-Spielen und zweimal im AFC Championship Game. Und doch dürfte fast jeder NFL-Fan bei seinem Namen zunächst an einen alles andere als beeindruckenden Moment zurückdenken: den so genannten Butt Fumble.

Ein folgenschweres Missverständnis

Am 22. November 2012 trafen die New York Jets zuhause auf die New England Patriots. Im zweiten Viertel kam es zu einem Missverständnis zwischen Sanchez und seinem Running Back Shonn Greene. Der Quarterback drehte sich in der Erwartung, den Ball an seinen Mitspieler übergeben zu können, um. Greene hatte allerdings offenbar mit einem anderen Spielzug gerechnet und war nach links gelaufen. Unter dem Druck der gegnerischen Defense begann Sanchez also, selbst mit dem Ball in der Hand loszulaufen. Er sprintete, den Blick nach unten gerichtet, vorwärts – direkt in seinen Mitspieler Brandon Moore hinein. Sanchez ging zu Boden, verlor den Ball und die Patriots erzielten im Gegenzug einen Touchdown. »Das habe ich in meinem ganzen Leben noch nicht gesehen«, zeigte sich TV-Experte Cris Collinsworth direkt im Anschluss bereits schockiert.

Jets gehen unter

Die Bilder, wie Sanchez mit seinem Helm direkt gegen den Po seines Offensive Lineman prallte, waren eigentlich bereits bizarr genug, doch die Umstände, unter denen dies geschah, machten alles noch viel schlimmer: Innerhalb von nur 52 Sekunden verloren die Jets dreimal den Ball, dreimal erzielte New England im Gegenzug einen Touchdown. Allein im zweiten Viertel gelangen den Patriots 35 Punkte. Der »Butt Fumble« war letztlich nur die Kirsche auf dem Eisbecher der Peinlichkeit

gewesen und stand geradezu stellvertretend für die blamable Vorstellung der Jets an diesem Abend. Als Topspiel zur besten Sendezeit an Thanksgiving wurde die Begegnung landesweit übertragen, rund 20 Millionen US-Amerikaner sahen Sanchez' Missgeschick live mit an. Es war ein einziges Desaster, von dem sich Sanchez nie wieder erholen sollte.

Bereits im darauffolgenden Spiel verlor das einstige Top-Talent seinen Platz als Starting Quarterback der Jets. Es sollte seine letzte Saison in New York werden, bei seinen darauffolgenden Stationen kam Sanchez anschließend nie mehr über den Status eines Backups hinaus. Im Juli 2019 beendete der Quarterback schließlich seine aktive Karriere und heuerte als Experte bei ESPN an – ausgerechnet dem Sender, der den Butt Fumble nur wenige Jahre zuvor zum peinlichsten Moment in der Geschichte der New York Jets bestimmt hatte.

Mark Sanchez geht zu Boden und verliert den Ball.

Aaron Hernandez

Ein Mörder inmitten der NFL

70

Es war der 26. Juni 2013, als Aaron Hernandez verhaftet wurde. Die Meldung seiner Festnahme schlug in den USA ein wie eine Bombe. Die New England Patriots entließen ihren Spieler keine zwei Stunden später, jegliche Utensilien mit seinem Namenszug wurden umgehend aus allen Fanshops des Teams entfernt. Der Grund: Hernandez war nicht aufgrund eines vergleichsweise kleinen Delikts wie illegalen Drogen- oder Waffenbesitzes verhaftet worden.

In weitere Mordfälle verwickelt?

Der damals 23-Jährige war dringend verdächtig, seinen Bekannten Odin Lloyd durch mehrere Schüsse in den Hinterkopf und Rücken ermordet zu haben. Darüber hinaus war Hernandez nicht einfach irgendein Spieler. Gemeinsam mit Rob Gronkowski hatte er das beste Tight-End-Duo der NFL geformt, 2011 hatte Hernandez in nur 14 Spielen mehr als 900 Receiving Yards sowie sieben Touchdowns verbuchen können. Kurz darauf hatten die Patriots ihn mit einer Vertragsverlängerung über mehr als 40 Millionen US-Dollar für vier weitere Jahre an die Franchise gebunden.

Aaron Hernandez und Tom Brady nach Herandez' Touchdown in Super Bowl XLVI

Und doch kam seine Festnahme nicht völlig aus dem Nichts: Bereits während des Drafts 2010 war Hernandez aufgrund mehrerer krimineller Delikte in seiner Vergangenheit bis in die 4. Runde gefallen, der Tight End wurde in den folgenden Jahren zudem mehrfach wegen Körperverletzung festgenommen. Doch besonders erschreckend: Bereits vor der Ermordung von Lloyd war Hernandez mehrfach des Mordes und versuchten Mordes verdächtigt worden: 2007 glaubte ein Zeuge, Hernandez als den Schützen auf ein wartendes Auto, bei dem zwei der Insassen schwer verletzt worden waren, identifiziert zu haben. Im Jahr 2012 soll er zudem bei der Ermordung zwei weiterer Männer zumindest am Tatort gewesen sein und wurde wenig später obendrein verdächtigt, einem ehemaligen Geschäftspartner in den Kopf geschossen zu haben.

Hernandez begeht Selbstmord

Erst nach Hernandez' Verurteilung zu lebenslanger Haft am 15. April 2015 wurde nach und nach bekannt, dass der Tight End im Stillen homosexuell gelebt hatte, seine sexuelle Neigung aber offenbar selbst nie hatte akzeptieren können und sich aufgrund dieser selbst verabscheute. Dass Lloyd von Hernandez' Homosexualität erfahren hatte, gilt als ein mögliches Motiv hinter seiner Ermordung. Wenige Tage nachdem Hernandez' Sexualität in einer TV-Show öffentlich diskutiert worden war, erhängte sich dieser am 19. April 2017 in seiner Zelle.

Nach seinem Tod überließ Hernandez' Familie seinen Körper der Wissenschaft. Das Ergebnis der Untersuchungen: Hernandez, der in seiner Karriere mehrere Gehirnerschütterungen erlitten hatte, litt als Folge seiner Footballkarriere unter schweren Hirnschäden. Einer der Ärzte urteilte abschließend: »Es ist unmöglich für mich, nicht zu dem Schluss zu kommen, dass diese einen starken Einfluss auf seine Handlungen hatten.«

Aaron Hernandez vor Gericht

CTE

Die große Gefahr, die Football birgt

71

Chronisch-traumatische Enzephalopathie gehört im 21. Jahrhundert zu den größten Problemen, mit denen sich der Football konfrontiert sieht. Die Erkrankung, kurz CTE genannt, kann zu Schwindel, Kopfschmerzen, Gedächtnisverlust und in schweren Fällen sogar zu ernsthaften Depressionen führen. Der Zusammenhang mit dem nach wie vor brutalen Kontaktsport: CTE tritt in der Folge schwerer Kopftreffer auf.

Drei schreckliche Vorfälle

In der Öffentlichkeit wurde diese Gefahr erst ab dem Jahr 2012 zum Thema: Bereits am 17. Februar 2011 hatte sich der ehemalige NFL-Safety Dave Duerson im Alter von 50 Jahren das Leben genommen und in einer Nachricht gefordert, dass sein Gehirn auf Schäden infolge seiner Footballkarriere untersucht werden sollte. Ein Jahr später, am 2. Mai 2012, wurde schließlich Ex-Linebacker Junior Seau, einer der besten Spieler der 1990er-Jahre, nur wenige Jahre nach seinem Karriereende tot aufgefunden. Der 43-Jährige hatte sich genau wie Duerson selbst in die Brust geschossen. Sieben Monate nach Seaus Tod ermordete dann Chiefs-Linebacker Jovan Belcher seine Freundin und brachte sich auf Kansas Citys Trainingsgelände vor den Augen seines General Managers Scott Pioli sowie seines Head Coaches Romeo Crennel um. In allen drei Fällen wurde bei den Spielern nach ihrem Tod CTE festgestellt.

In 110 von 111 Fällen CTE

Im Juli 2017 offenbarte eine Studie, dass bei 110 von 111 untersuchten Gehirnen von ehemaligen NFL-Spielern klare Hinweise auf CTE, das erst nach dem Tod erkannt werden kann, gefunden wurden. Nur wenige Tage später verkündete Guard John Urschel von den Baltimore Ravens, der neben seiner Footballkarriere als Mathematik-Doktorand am MIT forschte, seinen sofortigen Rücktritt aus der NFL. Die Liga erkannte den Zusammenhang zwischen dem Sport und der Erkrankung ein Jahr zuvor erstmals an. Als Reaktion stellte die NFL Summen im hohen dreistelligen Millionenbereich für ehemalige Spieler, die unter den Folgen ihrer aktiven Karriere zu leiden hatten, zur Verfügung. Darüber hinaus wurden die bestehenden Regeln mehrfach angepasst, um die Sicherheit der Spieler zu erhöhen. Unter anderem wurde die Anzahl der Kontakt-Trainingseinheiten streng limitiert, die Untersuchung von Spielern, die Kopftreffer erlitten hatten, wurde an neutrale Mediziner übertragen, die die Athleten bei Anzeichen einer Gehirnerschütterung aus dem Verkehr ziehen sollen. Außerdem wurden Tackles mit dem Helm voraus grundsätzlich verboten.

Weiterhin zu viele Gehirnerschütterungen

Die neuen Regularien zeigten Wirkung: Im Anschluss an die Saison 2018 verkündete die NFL, dass die Anzahl der Gehirnerschütterungen in der Spielzeit um 24 Prozent gesunken war. Doch auch nach dem Rückgang bleibt die Zahl der Verletzten nach wie vor hoch: In der Saison 2018 erlitten ganze 214 Spieler Gehirnerschütterungen. Am Ziel angelangt ist die Liga also noch lange nicht.

Fans der Kansas City Chiefs nach dem Suizid von Jovan Belcher

Der Blackout Bowl

Stromausfall im Super Bowl

72

Man stelle sich vor, das vielleicht größte Sportereignis des Jahres steht an, allein in den USA schalten mehr als 100 Millionen Menschen ein, um dem Spektakel beizuwohnen – und dann kommt es am Ort des Geschehens zu einem Stromausfall! Unvorstellbar? Nein, denn genau das ist passiert. Am 3. Februar 2013 wurde Super Bowl XLVII zwischen den Baltimore Ravens und den San Francisco 49ers zum Blackout Bowl. Eine Fehlfunktion im Mercedes-Benz Superdome in New Orleans stürzte das mehr als 70.000 Zuschauer fassende Stadion an diesem Tag 22 Minuten lang ins Halbdunkel, das größte Spiel des Jahres musste für 34 Minuten unterbrochen werden. Und, nicht ganz unwichtig: Das Geschehen auf dem Feld drehte sich in der Folge beinahe um 180 Grad.

49ers mit 17 Punkten in Serie

Vor dem Stromausfall hatten die Ravens das Geschehen auf dem Feld praktisch dominiert. Baltimore ging mit einer 21:6-Führung im Rücken in die Pause, gleich beim Kickoff der zweiten Hälfte trug Jacoby Jones den Ball über 108 Yards bis in die gegnerische Endzone zurück. Die Ravens führten mit 22 Punkten Vorsprung, das Spiel schien bereits so gut

wie gelaufen. Doch dann gingen die Lichter aus – und im Anschluss spielten plötzlich nur noch die 49ers.

San Francisco erzielte 17 Punkte in Serie und forcierte kurz nach der Fortsetzung des Spiels gleich den ersten Baltimore-Turnover der Begegnung. Knapp zwei Minuten vor dem Ende erreichten die Niners beim Stand von 29:34 die gegnerische 7-Yard-Linie, doch selbst durch das Ausspielen des vierten Versuchs gelang Colin Kaepernick und Co. kein Touchdown. Jim Harbaughs Rufe nach einer Strafe gegen die Ravens blieben ungehört. Baltimores Head Coach John Harbaugh entschied den Har Bowl, wie das Spiel aufgrund des Duells der beiden Brüder, die als Trainer der zwei Teams fungierten, auch genannt wurde, somit für sich, die Ravens gewannen den zweiten Super Bowl ihrer Geschichte. »Ihr seid eine unendlich reiche Firma und eure Lichter gehen aus? Nein. Niemals«, heizte Ravens-Linebacker Ray Lewis nach dem Spiel zusätzlich die Gerüchteküche an. Er mutmaßte, die NFL hätte absichtlich für eine Unterbrechung gesorgt, um für zusätzliche Spannung zu sorgen. Die Antwort von 49ers-Präsident Jed York ließ nicht lange auf sich warten: »Es gibt keine Verschwörung. Ich war es, der den Stecker gezogen hat«, unkte dieser.

Die Baltimore Ravens während der Unterbrechung von Super Bowl XLVII

Der erste deutsche Touchdown

Markus Kuhn schreibt NFL-Geschichte

73

Als die New York Giants am 7. Dezember 2014 auf die Tennessee Titans trafen, war die Saison der G-Men praktisch bereits gelaufen. New York hatte sieben Spiele in Serie verloren, mit einer Bilanz von drei Siegen und neun Niederlagen hatten die Giants keinerlei Chance mehr auf den Playoff-Einzug in der NFC. Und doch sollte die Begegnung zu einem Spiel historischen Ausmaßes werden – zumindest aus deutscher Sicht.

Markus Kuhn im Einsatz für die New York Giants

Rund eine Minute vor Ende des ersten Viertels setzte Edge Defender Jason-Pierre Paul Titans-Quarterback Zach Mettenberger unter Druck, Mettenberger wich JPP zwar aus, ließ sich in diesem Moment jedoch von Devon Kennard den Ball aus der Hand schlagen. Kein Spieler reagierte schneller als Markus Kuhn: Der Defensive Tackle stürmte in Richtung des Spielgeräts, hob es vom Boden auf und trug es, von zwei Mitspielern begleitet, über 22 Yards bis in die gegnerische End zone. Touchdown Giants! Es war der erste Defensiv-TD des Teams in der laufenden Saison – und der erste Touchdown eines Deutschen in der größten Footballliga der Welt.

»Der Moment war unwirklich, noch beim Rennen dachte ich mir: Das kann doch nicht wirklich wahr sein«, schilderte der »German Giant« die Szene später gegenüber *ran*. »Das in der NFL zu schaffen, war natürlich schon immer ein Traum.« Sein Touchdown war zweifelsohne der größte Moment in der Karriere von Kuhn, der 2012 in der siebten Runde des Drafts von den Giants ausgewählt worden war. Nur ein Jahr später, am 14. Dezember 2015, absolvierte er sein letztes NFL-Spiel, ehe eine schwere Knieverletzung ihn langfristig außer Gefecht setzte. Seitdem liefen mit Björn Werner, Mark Nzeocha, Kasim Edebali, Equanimious St. Brown und Jakob Johnson fünf weitere deutsche Spieler in der NFL auf, sein besonderes Erlebnis hat Kuhn allerdings nach wie vor für sich allein: Auf den zweiten deutschen Touchdown warten wir bis heute ...

Dez Bryants Non-Catch

Das NFC Divisional Game und die Catch-Regel

Die Catch-Regel gehört seit Jahren zu den am heftigsten diskutierten Regularien der NFL. Lange sagte sie lediglich aus, dass ein Receiver »Besitz« über den Ball erlangt haben müsse. Eine äußerst vage Formulierung, die reichlich Raum für Interpretationen ließ. Es schien daher stets nur eine Frage der Zeit zu sein, bis es wegen dieser Unklarheiten zu einer echten Kontroverse kommen würde. Am 11. Januar 2015 war es schließlich soweit. Im NFC Divisional Game empfingen die Green Bay Packers damals die Dallas Cowboys, es war das Aufeinandertreffen zwei der besten Teams der Liga. Green Bay hatte während der gesamten Saison kein einziges Heimspiel verloren, Dallas war derweil in seinen Auswärtsspielen noch ungeschlagen. Eine der beiden Serien musste an jenem Tag somit zu Ende gehen. Mit seinem dritten Touchdown-Pass des Spiels brachte Aaron Rodgers seine Packers rund neun Minuten vor dem Ende mit 26:21 in Führung, Dallas marschierte im Gegenzug bis an die gegnerische 32-Yard-Linie und musste dort ein spielentscheidendes Fourth-and-Two ausspielen.

Catch oder kein Catch?

Statt eines Runs oder eines vermeintlich sicheren kurzen Passes feuerte Quarterback Tony Romo den Ball allerdings tief auf Wide Receiver Dez Bryant, der an der linken Seitenlinie ein Eins-gegen-eins-Duell mit Cornerback Sam Shields hatte. Bryant, der in der Regular Season die meisten Touchdown-Catches aller Spieler hatte verbuchen können, stieg kurz vor der Endzone hoch, pflückte den Ball über Shields hinweg aus der

Dez Bryant rutscht der Ball aus den Händen.

Tony Romo (l.) und Aaron Rodgers nach der Niederlage der Dallas Cowboys

Luft und schlug an der gegnerischen Ein-Yard-Linie zu Boden. Es war ein absolut spektakulärer Catch – oder doch nicht?!

Shields schrie direkt im Anschluss wild gestikulierend Richtung Seitenlinie und signalisierte, dass sein Gegenspieler den Ball nicht sauber gefangen hätte. Tatsächlich hatte Bryant beim Aufprall auf dem Boden kurz die Kontrolle über das Spielgerät verloren, der Ball war ihm für einen Sekundenbruchteil aus den Händen gerutscht. Die alles entscheidende Frage war nun: Hatte er zuvor bereits »Besitz« über den Ball gehabt? Packers-Coach Mike McCarthy ficht die Entscheidung der Schiedsrichter an, warf seine rote Challenge-Flagge und bekam Recht. Kein Catch, entschieden die Referees. Die Cowboys verloren somit den Ball, Green Bay übernahm an der eigenen 32-Yard-Linie und sollte das Spiel letztlich mit 26:21 für sich entscheiden. Bryant verstand die Welt nicht mehr: »Wie kann das kein Catch sein? Ich habe nur versucht, den Ball über die Goalline zu strecken«, versuchte er sich gegenüber den Schiedsrichtern zu erklären – ohne Erfolg.

Während die Packers jubelnd auf das Feld rannten, brach im Internet eine Welle der Entrüstung los. Zahlreiche NFL-Receiver wie Alshon Jeffery, Odell Beckham Jr. oder Brandon Marshall lobten Bryant via Social Media und kritisierten die Entscheidung der Referees scharf. Im März 2018, mehr als drei Jahre nach dem Non-Catch, stellte die NFL schließlich eine veränderte Regel vor, die den Catch-Prozess eindeutiger regulierte. Zur Veranschaulichung nutzte die Liga dabei auch Bryants berühmtes Play. Ihre Entscheidung: Gemäß der neuen Regel hätte sein Catch gezählt.

Die Legion of Boom

Die beste Pass-Verteidigung aller Zeiten?

Die Chicago Bears in den 1940er- und den 1980er-Jahren zählen ebenso zu den besten Defenses aller Zeiten wie die Minnesota Vikings in den 1960er- und 1970er-Jahren oder auch, nur wenig später, die Pittsburgh Steelers. Eines hatten all diese Mannschaften gemeinsam: ihren prägenden Spitznamen. Die Bears waren die »Monsters of the Midway«, die Vikings die »Purple People Eaters« und Pittsburghs Defensive Line ist bis heute als der »Steel Curtain« bekannt. Der Football entwickelte sich über die Jahre weiter, Quarterbacks wurden immer besser, das Passspiel immer effektiver. Und doch gelang es einer Defense, sich trotz all dieser Entwicklungen in ähnliche Sphären aufzuschwingen, wie es den Bears, den Vikings und den Steelers bereits zuvor gelungen war: die der Seattle Seahawks.

Die Geburt einer legendären Defense

Innerhalb von nur einem Jahr stellten die Seahawks eine Gruppe von herausragenden Defensive Backs zusammen, die gegnerischen Quarter-backs und Receivern in den folgenden Saisons in einem Maße zusetzen soll-

Earl Thomas (M.) im Gespräch mit seinen Mitspielern

ten, wie es schon lange keinem Team mehr gelungen war. Im NFL Draft 2010 wählte Seattles General Manager John Schneider in der ersten Runde Free Safety Earl Thomas aus, vier Runden später folgte Strong Safety Kam Chancellor. Im darauffolgenden Jahr entschied sich Schneider in der fünften Runde für Cornerback Richard Sherman und in der sechsten Runde für Cornerback Byron Maxwell. Zudem nahm das Team Brandon Browner aus der Canadian Football League unter Vertrag. Eine legendäre Defense war damit geboren – auch wenn das zu diesem Zeitpunkt noch niemand ahnen sollte.

Gemeinsam mit Defensive Backs Coach Kris Richard installierte Seattles Head Coach Pete Carroll, der als aktiver Spieler selbst die Position des Safetys bekleidet hatte, ein neues defensives System: Carrolls Defense agierte mehr als jede andere mit einem tief postierten Safety in der Mitte der eigenen Defense, mit so genannten Cover-3- und Cover-1-Taktiken. Diese absolut zentrale Rolle kam Thomas zu und er sollte sie geradezu in Perfektion ausführen. Im August 2012 erhielt die herausragende Defense schließlich auch ihren Namen: Fans tauften die Gruppe aus Thomas, Sherman, Chancellor, Browner und Maxwell die »Legion of Boom« und sie sollten nicht enttäuscht werden. Vier Jahre in Serie ließ kein anderes Team weniger Punkte zu als die Seahawks, die fünfmal in Folge mindestens zehn Saisonspiele gewannen und dabei jedes Mal in die Playoffs einzogen.

Pure Dominanz im Jahr 2013

Den Höhepunkt ihres Schaffens erreichte die Legion of Boom dabei ohne jede Frage im Jahr 2013. Die Seahawks ließen nicht nur die wenigsten Punkte zu, sie ermöglichten ihren Gegnern auch die wenigsten offensiven Yards und forcierten mehr Ballverluste als jede andere Defense der Liga, ein Kunststück, das in der Geschichte der NFL zuvor nur den Chicago Bears 1985 gelungen war. Doch die Krönung seiner Saison erfuhr Seattle in Super Bowl XLVIII: Im Duell zwischen einer der besten Defenses und einer der besten Offenses aller Zeiten dominierten Thomas, Sherman, Chancellor und Co. die von Peyton Manning angeführten Broncos geradezu nach Belieben. Die Seahawks zwangen Denver zu vier Turnovern, ließen nur einen Touchdown zu und gewannen das Spiel letztlich völlig ungefährdet mit 43:8.

Und doch währte die Ära, die die Seahawks prägten, nur kurz: In Super Bowl XLIX ließ eine angeschlagene Legion of Boom nur ein Jahr später vier Touchdown-Pässe zu und musste mit ansehen, wie eine Interception von Russell Wilson wenige Sekunden vor Schluss einen geradezu sicher geglaubten zweiten Titel zunichte machte. Es war ein Moment, der zu einem Bruch innerhalb des Teams führten sollte. Medien berichteten anschließend immer wieder von Meinungsverschiedenheiten zwischen der Defense

Richard Sherman verhindert im NFC Championship Game 2014 in letzter Sekunde einen Pass der San Francisco 49ers.

und der Offense rund um Russell Wilson. Chancellor forderte zu Beginn der Saison 2015 einen neuen Vertrag und setzte mehrere Spiele streikend aus. Ein Jahr später brach sich Thomas das Schienbein, schwere Verletzungen von Chancellor und Sherman in der Saison 2017 ließen die Zeit der Legion of Boom dann endgültig zu Ende gehen. Während Chancellor seine Karriere beendete, unterschrieb Sherman ausgerechnet bei den San Francisco 49ers, dem großen Rivalen der Seahawks, einen neuen Vertrag. Ein Jahr später verließ schließlich auch Thomas die Organisation und heuerte bei den Baltimore Ravens an.

Das Vermächtnis der Legion of Boom

Doch auch wenn die Hochphase der Legion of Boom nur rund vier Jahre angedauert haben mag, ist ihr Vermächtnis in der NFL noch heute zu spüren: Zahlreiche Teams versuchen nach wie vor die Cover-3-Taktiken der Seahawks zu kopieren. In einer Zeit, in der Offenses zunehmend wichtiger werden und Jahr für Jahr neue Rekorde aufstellen, war besonders die Konstanz von Seattles Defense ein echtes Alleinstellungsmerkmal. Bis heute blieb die Legion of Boom in zahlreichen ihrer Errungenschaften unerreicht – und kann sich daher durchaus zwischen ihre Vorgänger aus Chicago, Minnesota und Pittsburgh einreihen.

Malcolm Butlers Interception

Hätten die Seahawks den Ball laufen sollen?

76

»Play clock at five. Pass is... intercepted at the Goal line! By Malcolm Butler! Unreal!« Die Interception von Malcolm Butler 20 Sekunden vor dem Ende von Super Bowl XLIX ist der wohl dramatischste Moment der jüngeren NFL-Geschichte. Und: Bis heute wird wohl keine Sequenz so kontrovers diskutiert, wie die Entscheidung der Seahawks, den Ball in dieser Situation zu passen.

»Ich kann es nicht fassen«

In der letzten Minute des größten Spiels des Jahres hatte Marshawn Lynch den Ball für Seattle bis an die gegnerische Ein-Yard-Linie gelaufen. Bei Second-and-Goal verfügten die Seahawks also theoretisch über drei Versuche, um den Ball einen Yard weiter nach vorne bis in die Endzone zu bewegen. Seattle entschied sich für einen Spielzug, bei dem Wide Receiver Jermaine Kearse aus dem Slot nach vorne lief, um dort Butler, den Gegenspieler von Ricardo Lockette, zu blocken und Lockette so einen freien Catch zu ermöglichen. Brandon Browner von den Patriots blockte Kearse allerdings selbst so stark, dass dieser Butler gar nicht erreichte. Der Patriots-Cornerback sprang nach vorne, erreichte Wilsons Pass vor Lockette und fing ihn ab.

»Es tut mir leid, aber ich kann diesen Spielzug nicht verstehen«, kritisierte NBC-Experte Cris Collinsworth die Entscheidung der Seahawks nur Sekunden später. »Du hast Marshawn Lynch. Du hast einen Typ, der in diesem Teil des Feldes bisher praktisch unaufhaltsam war. Ich kann es nicht fassen.« Zahlreiche Experten und ehemalige Spieler stimmten Collinsworth zu, Hall-of-Fame-Running-Back Emmitt Smith bezeichnete den Spielzug sogar als das schlechteste Play in der Geschichte des Footballs. Hätte Seattle also einfach nur den Ball laufen lassen sollen?

Die Entscheidung war komplizierter

Ganz so simpel kann die Erklärung dann doch nicht ausfallen. Im gleichen Spiel war Lynch bereits bei einem Third-and-Two- und bei einem Third-and-One-Versuch von der Patriots-Defense gestoppt worden, ohne die First-Down-Linie überqueren zu können. In der laufenden Saison war der Running Back bei gerade einmal einem seiner fünf Versuche von der Ein-Yard-Linie erfolgreich gewesen. Ein erfolgreicher Lauf von Lynch war also alles andere als garantiert gewesen. Darüber hinaus verfügten die Seahawks nur noch über eine Auszeit, sie hätten also nur noch einmal die Uhr anhalten können. Hätte sich Seattle-Coach Pete Carroll beim Second-and-Goal-Versuch also für einen Lauf entschieden und wäre dabei gestoppt worden, hätte das Team seine Auszeit nutzen müssen und wäre praktisch dazu gezwungen gewesen, bei seinem Third-and-Goal-Versuch zu passen (da die Uhr bei einem Incomplete Pass angehalten wird, bei einem zu kurzen Run allerdings nicht).

108 Pässe ohne Interception

Die Wahrscheinlichkeit, dass Wilsons Pass tatsächlich abgefangen werden würde, war zudem verschwindend gering. In der laufenden Saison waren zuvor 108 Pässe von der Ein-Yard-Linie geworfen worden, kein einziger resultierte in einer Interception. Kritisiert werden sollte daher wohl vielmehr die Art des Passes, eine kurze Route in die Mitte des Feldes, statt in Richtung Seitenlinie, als der Pass selbst. Carroll dürfte das allerdings bis heute ein wenig anders sehen: »Wir sagen generell keine Spielzüge in dem Glauben an, dass wir womöglich eine Interception werfen könnten«, erklärte der Seahawks-Coach nach der Niederlage starrsinnig.

Malcolm Butler fängt den Pass von Russell Wilson ab.

Adrian Peterson

Der letzte Nicht-Quarterback als MVP

77

Barry Sanders galt stets als der wohl agilste Running Back aller Zeiten, Marshawn Lynch war für viele der Runner mit der meisten Power, während Chris Johnson womöglich der schnellste Spieler, der jemals auf dieser Position spielte, war. Adrian Peterson hingegen schien der Spieler zu sein, der dem kompletten Runner, der mit ebenso viel Power wie Speed und sowohl durch Überlegtheit als auch durch Aggressivität überzeugte, am nächsten kam.

Bereits Jahre vor seiner NFL-Karriere erlangte der Sohn eines Basketballers und einer Sprinterin nationale Aufmerksamkeit: Peterson dominierte auf der High School in einer Art und Weise, dass viele Beobachter ihm einen direkten Sprung zu den Profis zutrauten – auch wenn dieser Schritt damals ebenso wie heute verboten war. Peterson musste also zunächst aufs College, war seinen Gegenspielern jedoch auch dort athletisch weit überlegen und verpasste den Gewinn der Heisman-Trophäe nur knapp. Als erster Freshman überhaupt landete er bei dem Voting auf Rang zwei.

Überragende Saison 2012

Obwohl »All Day«, wie er von seinem Vater gerufen worden war, in den Folgejahren mehrfach mit Verletzungen zu kämpfen hatte, wählten ihn die Vikings im Draft an siebter Stelle aus. Sie sollten nicht enttäuscht werden. Peterson brach gleich in seinem ersten Jahr mit 296 Yards den Rekord für die meisten Rushing Yards in einem Spiel, gewann den Titel des Rookie of the Year und wurde obendrein zum Pro Bowl MVP gewählt. Der Überathlet war von seinen ersten Tagen in der Liga an ein Star. Nach vier Saisons machte ihn Minnesota zum bestbezahlten Running Back aller Zeiten. Den Höhepunkt seiner Karriere erlebte Peterson in der Saison 2012: Weniger als ein Jahr nachdem er sich einen Kreuzband- und Meniskusriss zugezogen hatte, lief er in einer Saison für mehr als 2000 Rushing Yards, führte seine Vikings bis in die Playoffs und wurde zum MVP gewählt. Heute ist er der letzte Nicht-Quarterback, dem dieses Kunststück gelingen sollte.

Doch auch der Aufstieg von Petersons Stern am NFL-Himmel war endlich. Kurz nach dem Beginn der Saison 2014 wurde der Starspieler der Kindesmisshandlung beschuldigt: Peterson hatte seinen erst vier Jahre alten Sohn regelmäßig mit Holzstöcken geschlagen und diesem so zahlreiche

Wunden am gesamten Körper zugefügt. Der damals 29-Jährige entging einer Gefängnisstrafe, wurde von der NFL jedoch für ein ganzes Jahr gesperrt. Nachdem sich Peterson knapp zwei Jahre später erneut den Meniskus riss, beendeten die Vikings die Zusammenarbeit und entließen den besten Running Back ihrer Vereinsgeschichte. Letztlich schafft Peterson es zumindest aus rein sportlicher Sicht wohl tatsächlich in den Kreis der größten Running Backs aller Zeiten. Doch: Wie auch Sanders blieb Peterson der große Erfolg stets verwehrt. In seiner 13-jährigen Karriere gewann er exakt ein Playoff-Spiel.

Adrian Peterson in einem Spiel gegen die Washington Redskins

Der Option Run

78

Als eine neue Offense die NFL im Sturm zu erobern schien

Die NFL ist eine Liga im konstanten Wandel. Das Duell zwischen Offense und Defense kann als eine Art Schachspiel, in dem sich die beiden Seiten stets auf der Suche nach neuen Mitteln befinden, um dem Gegenüber einen Schritt voraus zu sein, verstanden werden. Erfolgreich kann nur sein, wer sich an diese Gegebenheiten anpasst.

Quarterback als möglicher Runner

Zu Beginn der 2010er-Jahre trat als eine Folge davon eine besondere Neuerung in der NFL auf den Plan: der Option Run. Die Idee hinter diesem Konzept ist, dass der Quarterback bei einem Laufspielzug nicht einfach nur als Übergeber des Balles an seinen Running Back fungiert. Vielmehr liest er bei der Ballübergabe einen gegnerischen Verteidiger, für gewöhnlich einen Edge Defender, und entscheidet, basierend auf der Reaktion dieses Gegenspielers, ob er den Ball tatsächlich an den Running Back abgeben oder doch selbst mit dem Ball laufen will. Der große Vorteil des Option-Runs ist somit, dass die Defense sich auch auf den Quarterback als möglichen Runner konzentrieren muss.

Lamar Jackson bricht NFL-Rekord

Besonders die Washington Redskins unter Offensive Coordinator Kyle Shanahan sowie die San Francisco 49ers unter Greg Roman feierten in den Jahren 2012 und 2013 große Erfolge mit ihren rund um den Option-Run aufgebauten Offenses. Robert Griffin III erlief in seiner Rookie-Saison als Quarterback mehr als 800 Yards und wurde zum Rookie of the Year gewählt, Colin Kaepernick führte sein Team mit diesem Stil zweimal in Serie bis ins NFC Championship Game. Doch es gibt keinen Trend, auf den in der NFL keine Antwort entwickelt wird. Nur wenige Jahre nach dem ersten Auftreten des Option Runs verteidigten Defenses den Spielzug bereits deutlich besser, das Konzept verschwand weitestgehend aus der Liga – bis Roman im Jahr 2019 mit Lamar Jackson als Quarterback bei den Ravens eine erweiterte Version seiner Option-Run-Offense enthüllen durfte und damit gleich mehrere NFL-Rekorde brach. Nun ist also wieder die Defense am Zug. Und das Schachspiel geht einmal mehr von vorne los …

Die Run-Pass-Option

Die nächste Stufe der Option-Offense

79

Wie der Option Run und die meisten neuen Entwicklungen im Football, fand auch die Run-Pass-Option ihren Ursprung im College-Football. Der Unterschied zur klassischen Option ist, dass bei der Run-Pass-Option – wie der Name schon sagt – nicht zwischen einem Quarterback- und einem Running-Back-Run, sondern zwischen einem Run und einem Pass unterschieden wird. Der Spielzug ist für gewöhnlich ein klassischer Laufspielzug, die Offensive Line blockt somit für einen Run und nicht für einen Pass, bei dem allerdings ein oder zwei Spieler eine Route laufen. Der Quarterback liest die gegnerische Defense und entscheidet darauf basierend, ob er einen schnellen Pass zu seinem Receiver wirft oder den Ball doch zum Running Back abgibt. Ein klassisches Beispiel für eine so genannte RPO wäre ein Outside-Run nach rechts, bei dem allerdings zwei Receiver von der linken Seite des Feldes die Mitte atta-

ckieren. Dabei liest der Quarterback die gegnerischen Linebacker: Bewegen sie sich in Richtung des Runs und machen die Mitte des Feldes frei, wirft der Quarterback den Ball zu einem seiner Receiver, bleiben die Linebacker allerdings in ihrer angestammten Position, gibt dieser den Ball an seinen Running Back.

Mit den Chiefs und den Eagles griffen zwei der offensiv besten Teams der NFL Ende der 2010er-Jahre regelmäßig auf die RPO zu-

Patrick Mahomes liest bei der Ballübergabe die Defense.

rück, sodass unter Medien und Fans tatsächlich ein kleiner Hype rund um die neue Option entstand. Heute gehört die RPO in irgendeiner Form wohl zu jedem Offensiv-Playbook in der NFL und wird von Kommentatoren und Experten im Fernsehen immer wieder beschrieben. Es ist neben der Air-Raid-Offense, die Kliff Kingsbury in der Saison 2019 erstmals bei den Arizona Cardinals spielen ließ, das neueste erfinderische Element, das aus dem College-Football in die NFL übernommen wurde. Doch es wird mit Sicherheit nicht das Letzte gewesen sein.

Colin Kaepernick

Wie politischer Protest einen Spieler seine Karriere kostete

80

Die US-Amerikaner lieben ihren Sport mehr als fast alles andere. Man genießt ihn als Rückzugs- und Entspannungsort vor den Sorgen des Alltags und vor der Politik. Dass der Protest von Colin Kaepernick, der sich weigerte, Sport und Politik strikt zu trennen, 2016 deutliche Kritik hervorrufen würde, dürfte daher niemanden überrascht haben. Ein solches Ausmaß der Welle der Empörung, die dem Quarterback entgegenschlug und die die gesamten USA über Monate in Aufruhr versetzte, hatte allerdings wohl kaum jemand kommen sehen. Und: Kaepernick sollte einen hohen Preis für seine Haltung zahlen.

Ein Zeichen gegen Diskriminierung

Was war passiert? Am 26. August 2016 erhob sich der ehemalige Star der San Francisco 49ers, der seinen Posten als Starter bei dem Team zuvor verloren hatte, während der Nationalhymne, die vor jedem Spiel in der NFL gespielt wird, nicht und blieb auf der Bank seines Teams sitzen. Eine Woche später entschied er sich nach einem Gespräch mit dem ehemaligen Militär und Long Snapper Nate Boyer dafür, ab sofort zu knien. Kaepernick wollte den USA nicht kollektiv den Respekt verweigern. Doch er wollte ein Zeichen setzen. Ein Zeichen gegen Diskriminierung, Rassismus und Polizeibrutalität in Amerika. »Ich werde weiter zu den Leuten, die unterdrückt werden, halten«, erklärte er. Kaepernick warb für Verständnis – doch von großen Teilen der Vereinigten Staaten wurde ihm dieses verwehrt.

Kaepernick findet kein Team mehr

Auf Fox, CNN und vielen weiteren Nachrichtensendern folgte eine Kaepernick-Sendung auf die nächste, in den sozialen Medien waren zahllose Kommentarspalten voll mit Beleidigungen und Drohungen gegen den ehemaligen Star-Quarterback. Und die Debatte wuchs noch weiter: Mehr als 200 NFL-Spieler schlossen sich Kaepernicks Protest an, knieten während der Hymne oder streckten währenddessen die Faust in die Luft. Donald Trump, damals noch Präsidentschaftskandidat, goss zusätzlich Öl ins Feuer. Man solle sämtliche »Hurensöhne«, die die amerikanische Flagge nicht respektieren würden, rausschmeißen, forderte er. Während die Proteste der Spieler hierzulande mehrheitlich positiv aufgenommen wurden, wandten sich in den USA zahlreiche Fans als Reaktion darauf von der NFL ab. Es war ein Protest gegen den Protest. Die Zuschauerzahlen der Liga gingen um acht Prozent zurück und die NFL, um ihren eigenen Gewinn besorgt, reagierte. Zum Start der folgenden Saison galten neue Regeln während des Abspielens der Hymne: Sämtliche Teammitglieder waren fortan angewiesen, zu stehen – oder in der Kabine zu bleiben.

Die Folgen für Kaepernick waren allerdings dramatischer. Nach dem Auslaufen seines Vertrags bei den 49ers fand er, fünf Jahre, nachdem er sein Team bis in den Super Bowl geführt hatte, keinen neuen Arbeitgeber mehr. Im November 2017 verklagte er die NFL wegen angeblicher geheimer und unerlaubter Absprachen der Teambesitzer untereinander, den Quarterback nicht unter Vertrag zu nehmen, um die eigenen Einkünfte nicht zu gefährden. Im Februar 2019 einigten sich die beiden Parteien außergerichtlich, Medienberichten zufolge erhielt Kaepernick eine zweistellige Millionensumme als Entschädigung. Seinen Traum von einem Comeback in der NFL hat er allerdings immer noch nicht aufgegeben. Im November 2019 hielt er eine öffentliche Trainingseinheit ab, bei der Scouts von sieben NFL-Teams anwesend waren. Seitdem wartet er. Mal wieder.

Colin Kaepernick (M.) kniet gemeinsam mit seinen Teamkollegen Eli Harold (l.) und Eric Reid.

28-3

Die größte Super-Bowl-Aufholjagd aller Zeiten

81

Welcher war der beste Super Bowl aller Zeiten? Die Niederlage der Buffalo Bills durch Scott Norwoods »Wide Right«-Kick 1991? Der Erfolg der New York Giants über die ungeschlagenen New England Patriots 2008? Der dramatische Sieg der Pittsburgh Steelers über die Arizona Cardinals 2009? Oder doch der Titel der Patriots durch Russell Wilsons Interception 2015? Allein in diesem Buch werden zahlreiche Kandidaten genannt. Glaubt man allerdings den Schlagzeilen am Morgen des 6. Februar 2017, führt kein Weg am Duell zwischen den New England Patriots und den Atlanta Falcons in Super Bowl LI vorbei. Zahlreiche Medien, darunter zum Beispiel der *Guardian* oder *Bleacher Report,* betitelten das Endspiel damals als den »besten Super Bowl aller Zeiten«.

Siegchance von 98 Prozent

Tatsächlich war das Match an Dramatik kaum zu überbieten. Die eigentlich favorisierten Patriots fanden gegen ein herausragend aufgelegtes Falcons-Team lange Zeit überhaupt nicht ins Spiel. Nach einem Pick Six von Tom Brady lag New England zwei Minuten vor der Pause bereits mit 0:21 in Rückstand. Ein Touchdown von Tevin Coleman erhöhte die Führung Atlantas im dritten Viertel sogar auf 28:3. Nie zuvor hatte ein Team einen derartigen Rückstand im Super Bowl aufholen können. Die Siegchancen des Teams um Quarterback Matt Ryan wurden zu diesem Zeitpunkt auf über 98 Prozent berechnet.

Ein unglaubliches Comeback

Und doch gelang Brady und Co. das größte Super-Bowl-Comeback aller Zeiten. Innerhalb von nur 18 Minuten und sechs Sekunden holten die Patriots den 25-Punkte-Rückstand auf. Allein im letzten Viertel erzielte das Team ein Field Goal und zwei Touchdowns. Beide Male glückte ihnen zudem die Two-Point-Conversion. Eine geradezu absurde Aufholjagd. Zahlreiche Fans der Patriots hatten das Stadion zuvor bereits ohne Hoffnung auf ein Comeback verlassen.

Patriots stellen zahlreiche Rekorde auf

Nach acht Spielzügen und weniger als vier Minuten Spielzeit in der Verlängerung brach James White schließlich ein drittes Mal an diesem Abend in die Endzone durch – und gewann so das Spiel. Als erster Super Bowl überhaupt war Nummer LI in die Verlängerung gegangen, als erstes Team gewann New England das Spiel, ohne auch nur eine Sekunde in Führung gelegen zu haben. Die Patriots hatten Geschichte geschrieben. Und: Auch die Rekordbücher durften sich nach dem hochdramatischen Spiel über zahlreiche neue Einträge freuen. Die Patriots stellten damals zahllose neue Bestmarken auf, darunter unter anderem die meisten Passing Yards, die meisten First Downs, die meisten Catches durch einen einzigen Spieler (James White mit 14) sowie die meisten Punkte durch einen einzigen Spieler (ebenfalls James White mit 20).

James White (Nr. 28) erzielt den entscheidenden Touchdown in der Verlängerung von Super Bowl LI.

The Minneapolis Miracle

Das wahrscheinlich größte Football-Wunder dieses Jahrtausends

82

Das Comeback der New England Patriots in Super Bowl LI nach einem 3:28-Rückstand, das Miami Miracle der Dolphins gegen die Patriots am 9. Dezember 2018 oder auch das Double-Doink-Ausscheiden der Chicago Bears gegen die Philadelphia Eagles nur einen Monat später – der NFL mangelte es über die vergangenen Jahre definitiv nicht an spektakulären Spielen und wilden Schlussphasen. Und doch übertrifft in diesem Punkt wohl kein Spiel dieses Jahrtausends den Erfolg der Minnesota Vikings über die New Orleans Saints am 14. Januar 2018 in der Divisional Round der Playoffs. Gerade mal 25 Sekunden vor dem Ende hatten die Gäste in Minnesotas U. S. Bank Stadium mit einem Punkt die Führung übernommen. Es schien bereits das dramatische Ende eines hochspannenden Spiels gewesen zu sein – doch es war nichts gegen die Szenen, die sich wenige Minuten später in Minneapolis abspielen sollten.

Stefon Diggs (l.) auf dem Weg zum entscheidenden Touchdown im Playoff-Spiel gegen die New Orleans Saints

Stefon Diggs und Case Keenum feiern gemeinsam nach dem Spiel.

Diggs wird zum Helden

Mit einem Pass in Richtung Seitenlinie fand Quarterback Case Keenum Wide Receiver Stefon Diggs an der gegnerischen 35-Yard-Linie. Es war ein erfolgreicher Spielzug, der eigentlich extra dafür entworfen worden war, Diggs ins Aus laufen zu lassen, so die Uhr anzuhalten und anschließend ein Field Goal schießen zu können. Doch es kam anders. Saints-Safety Marcus Williams, der seinen Gegenspieler einfach nur hätte zu Boden schubsen müssen, flog völlig orientierungslos und übermotiviert am Passempfänger vorbei und räumte gleichzeitig auch noch seinen Mitspieler Ken Crawley aus dem Weg. Plötzlich war der Weg bis in die gegnerische Endzone für Diggs frei und dieser ließ sich die Chance nicht entgehen. Es war ein 61-Yard-Touchdown, der das Spiel durch das Ablaufen der Uhr in unglaublicher Weise beendete. Bis heute ist es das einzige Playoff-Match, das ohne zusätzliche Overtime beim Ablaufen der letzten Sekunden durch einen Touchdown beendet wurde.

»It's a Minneapolis Miracle!«

»Keenum steps into it. Pass ... is caught Diggs! Sideline! Touchdown! Unbelievable! Vikings win it!« Die Beschreibung der irren Szenen auf dem Spielfeld von Fox-Kommentator Joe Buck dürfte bei Zuschauern des Wunders heute noch für Gänsehaut sorgen. Doch es war Paul Allen, Kommentator für den lokalen Radiosender KFAN, der dem wahnsinnigen Moment seinen Namen verlieh: »It's a Minneapolis Miracle!«, brüllte der Vikings-Kommentator damals in sein Mikrofon. Er hätte keinen besseren Namen finden können.

Das Philly Special

Ein Spielzug wird zum Symbol eines Teams

83

»You want Philly Philly?« »Yeah, let's do it.« Es sind zwei Sätze, die Super Bowl LII entscheiden und die Geschichte der Philadelphia Eagles sowie der gesamten NFL nachhaltig prägen sollten. Gesprochen haben sie Nick Foles und Doug Pederson, Quarterback und Head Coach der Philadelphia Eagles, in besagtem Super Bowl am 4. Februar 2018. Der Spielzug, mittlerweile bekannt als »Philly Special«, zählt schon heute zu den ikonischsten Momenten der jüngeren NFL-Geschichte. Das Trick Play funktionierte wie folgt: Im Moment des Snaps warf Center Jason Kelce den Ball direkt zu Running Back Corey Clement, der damit nach links lief und diesen zum ihn kreuzenden Tight End Trey Burton gab. Während Burton mit dem Ball nach rechts sprintete, lief Foles in die End Zone. Burton warf zu seinem, von der Defense völlig unbeachteten, Quarterback – Touchdown!

Ein Symbol für Philadelphias Erfolg

Das Play brachte Philadelphia unmittelbar vor der Halbzeit mit 22:12 in Front und war letztlich mitentscheidend für den überraschenden 41:33-Erfolg der Eagles gegen die New England Patriots. Doch das Philly Special stellte für die Eagles nicht nur einen wichtigen Meilenstein auf dem Weg zum Titel dar. Für viele Spieler, Trainer, Fans und Beobachter des Teams steht der Spielzug geradezu symbolisch für all das, was Philadelphias Erfolg zu einem ganz Besonderen machte: Foles, Clement und Burton, die drei Haupt-Protagonisten des Plays, begannen die Saison 2017 allesamt als Backups. Foles hatte in seiner gesamten NFL-Karriere noch nie einen Ball gefangen, Burton nie zuvor einen Pass geworfen. Im größten Moment ihrer Karriere liefen sie zur Höchstform auf.

Eagles triumphieren als Underdogs

Ein vergleichbares Narrativ begleitete das Eagles-Team durch die gesamten Playoffs: Nach einem herausragenden Start in die Saison verlor Philadelphia im Saisonendspurt Starting Quarterback Carson Wentz durch einen Kreuzbandriss. Ohne Wentz schien die Saison der Eagles gelaufen. Doch erst in seiner Rolle als Außenseiter ging das Team richtig auf. Spieler und Fans feierten ihre Playoff-Siege mit Hundemasken über dem Kopf, um ihren Status als Underdogs zu unterstreichen, Foles avancierte auch aufgrund seiner bis dahin nur mäßig erfolgreichen Vergangenheit zum Publikumsliebling in Philadelphia.

88 + 30 + 9 = 127

All das wollen die Eagles keinesfalls in Vergessenheit geraten lassen: In jeden der Super-Bowl-Ringe, die die Sieger in der NFL stets selbst gestalten können, wurden 127 Diamanten eingearbeitet. Sie repräsentieren Burton (Trikotnummer 88), Clement (30) und Foles (9): 88+30+9=127. Seit dem 5. September 2018 steht zudem eine Bronzestatue vor dem Lincoln Financial Field, der Heimspielstätte der Eagles. Sie zeigt Foles und Pederson im Gespräch, stehend auf einem Marmorstein. Auf dem Sockel steht in weißen Druckbuchstaben: »You want Philly Philly?«

Nick Foles fängt den Touchdown zum 22:12 in Super Bowl LII.

Der NOLA No-Call

Wie eine Fehlentscheidung den NFC Champion bestimmte

84

Das NFC Championship Game im Jahr 2019 bot alles auf, was die NFL zu einer der spannendsten und spektakulärsten Ligen der Welt macht: Zwei der besten Teams der Welt trafen in einem K.O.-Spiel direkt aufeinander, vier Viertel sollten über den Einzug in den Super Bowl oder das Ende aller Playoff-Träume entscheiden. Mit Drew Brees, Aaron Donald und Co. standen zudem einige der Besten ihres Faches auf dem Rasen, an herausragenden Spielern mangelte es der Begegnung also ebenso wenig. Und doch sprach nach dem Spiel kaum noch jemand über die Superstars auf dem Feld. Im Blickpunkt standen vielmehr Bill Vinovich und sein Schiedsrichterteam. Der Grund: Eine Minute und 49 Sekunden vor dem Ende hatte dieses eines der klarsten

Nickell Robey-Coleman attackiert Tommylee Lewis regelwidrig

Foulspiele in der NFL-Geschichte übersehen. Bei einem Pass von Brees war Wide Receiver Tommylee Lewis von seinem Gegenspieler Nickell Robey-Coleman brutal aus dem Weg geräumt worden, deutlich bevor der Ball die beiden überhaupt erreicht hatte.

Es war ein eindeutiger Regelverstoß, auch das Kommentatoren-Duo Joe Buck und Troy Aikman war sich dessen sofort bewusst – einzig den Schiedsrichtern war das völlig offensichtliche Foul nicht aufgefallen. »Hell yeah, das war eine Pass Interference«, gab selbst Robey-Coleman nach dem Spiel unumwunden zu. Das Problem: Die Entscheidung, ob bei einem Pass eine Pass Interference vorgelegen hatte oder nicht, war laut NFL-Regelbuch nicht mehr zurückzunehmen. So mussten die Saints ein

Field Goal schießen und eine Minute und 45 Sekunden vor dem Ende mit 23:20 in Führung gehen. Statt 98 Prozent, wenn das Foul gepfiffen worden wäre, betrug die mathematische Siegchance der Gastgeber plötzlich nur noch 78 Prozent. Es kam, wie es kommen musste: Den Rams gelang im Anschluss der 23:23-Ausgleich, in der Verlängerung setzte sich Los Angeles durch und zog an Stelle der favorisierten Saints in den Super Bowl ein.

NFL ändert die eigenen Regeln

Das übersehene Foulspiel sollte auch Monate später noch Nachwirkungen haben. Einige Dauerkartenbesitzer der Saints verklagten die Liga wegen Betrugs, diese änderte kurz darauf die eigenen Regeln, sodass Pass-Interference-Entscheidungen in Zukunft nachträglich geändert werden konnten. Brees und seine Saints blieben allerdings die Leidtragenden der weitreichenden Fehlentscheidung. Obwohl das Team als einer der Favoriten in die Playoffs gegangen war, verpasste New Orleans den Einzug in den Super Bowl. Es war bereits das fünfte Mal in den vergangenen neun Jahren, dass die Saints dieses Schicksal erleiden mussten.

Saints-Coach Sean Payton außer sich vor Wut

Andrew Luck

Viel zu früh zum Karriereende gezwungen

85

Als das größte Talent, das in diesem Jahrtausend den Schritt vom College in die NFL wagte, galt zum Zeitpunkt des Drafts nicht etwa Patrick Mahomes, nicht Cam Newton und auch nicht Calvin Johnson. Es war ein 22-jähriger Quarterback aus Stanford. Sein Name: Andrew Luck. Luck stellte auf dem College neue Schulrekorde für die meisten Siege, die meisten Passing Touchdowns und die meisten Yards auf. Er führte sein Team zu zwölf Saisonsiegen, mehr als Stanford jemals zuvor erreicht hatte, und zu seinen ersten Teilnahmen an der Bowl Championship Series. Während Luck noch Glanzleistungen am College vollbrachte, nannten ihn manche Experten bereits in einem Atemzug mit einigen der größten Legenden, die jemals ein Footballfeld betreten hatten. Sie verglichen das Supertalent mit Peyton Manning, andere mit John Elway. Bereits 2011, ein Jahr bevor Luck sich tatsächlich zum NFL Draft anmeldete, galt er als der sichere Nummer-eins-Pick. Ein Jahr später verkündeten die Indianapolis Colts ihre Auswahl von Luck an Position eins bereits zwei Tage vor dem Draft und trennten sich für ihn von Peyton Manning, dem besten Spieler ihrer Teamgeschichte.

Immer wieder schwere Verletzungen

Und Luck wurde den Erwartungen an seine Person tatsächlich gerecht: Gleich in seiner ersten Saison führte der Rookie die Colts zu elf Saisonsiegen, nachdem sie im Vorjahr gerade mal zwei Spiele hatten gewinnen können. Er brach den Rekord für die meisten Passing Yards eines Rookies, führte Indianapolis in seinen ersten drei Jahren dreimal in die Playoffs und wurde dreimal in den Pro Bowl gewählt. 2016 machten ihn die Colts zum bestbezahlten Spieler des Planeten. Doch seine ersten drei Jahre in der NFL sollten bereits den Höhepunkt von Lucks Karriere dargestellt haben. Der Quarterback musste hinter einer stets zu schwach besetzten Offensive Line zu häufig zu harte Treffer einstecken. 2015 verpasste Luck mehr als die Hälfte der Saison aufgrund einer Schulterverletzung sowie eines Nieren- und eines Bauchmuskelrisses. Ein Jahr später musste er sich seine rechte Schulter operativ richten lassen und fiel für die gesamte Saison im Jahr 2017 aus. Erst nach mehr als 20 Monaten ohne Football feierte Luck schließlich sein Comeback, führte die Colts nach drei Jahren Abstinenz zurück in die Playoffs, warf 39 Touchdown-Pässe und wurde ein viertes Mal in den Pro Bowl gewählt. Was damals niemand ahnte: Es sollte sein letzter Ritt gewesen sein.

Karriereende im besten Football-Alter

Die Verletzungen hatten den Kampf gegen seinen Körper gewonnen. Nur wenige Tage vor dem Start der NFL Saison 2019 verkündete Luck im Alter von nur 29 Jahren völlig überraschend seinen Rücktritt. »Ich konnte nicht mehr das Leben leben, das ich leben will«, erklärte Luck, der nur wenige Momente zuvor von den eigenen Fans für seine Entscheidung ausgepfiffen worden war, unter Tränen auf einer kurzfristig anberaumten Pressekonferenz. »Das ist die härteste Entscheidung meines Lebens. Aber für mich ist es die richtige Entscheidung.«

Ein Quarterback, der seine Karriere im besten Football-Alter beendet? Konnte es das wirklich geben? Nur wenige Monate später, nachdem die Colts ohne ihren Superstar die Playoffs verpasst hatten, spekulierten manche Medien schon wieder über eine mögliche Rückkehr des einstigen Mega-Talents. Doch Lucks Karriere scheint tatsächlich vorbei zu sein. »Andrew ist zurückgetreten«, erklärte Colts-Manager Andrew Ballard zu Beginn des Jahres 2020. »Ich glaube, wir alle haben das zu akzeptieren.«

Andrew Luck wird von zwei Verteidigern der New England Patriots hart getroffen.

Analytics

Revolutionieren Daten das Denken in der NFL?

86

Die NFL im Jahr 2020 ist nicht nur ein Wettstreit zwischen 32 Teams und ein Kampf von Spielern gegen Spieler, heutzutage ist sie auch ein Aufeinanderprallen zweier grundsätzlich verschiedener Philosophien: einer konservativen, auf den Grundsätzen des Spiels beruhenden Anschauung sowie einem wissenschaftlichen, datenbasierten Ansatz, den so genannten Analytics. Denn: Aus einem einzigen Footballspiel lassen sich mittlerweile unzählige Zahlen und Daten gewinnen.

Grundsätze werden in Frage gestellt

Wie schnell bewegen sich die Spieler? Wo stellen sie sich auf? Wann wird gepasst? Wann wird ein Field Goal versucht? Die Möglichkeiten für wissenschaftliche Untersuchungen erscheinen vor diesem Hintergrund geradezu unendlich. In der Folge wurden zahlreiche Metriken mit teilweise wenig klangvollen Namen wie »Expected Points Added«, »Defense-adjusted Value Over Average« oder »Pass Block Win Rate« entwickelt – und dadurch einige über Jahrzehnte bestehende Grundsätze infrage gestellt. Die Berechnungen ergaben beispielsweise, dass Teams häufiger passen sollten, statt den Ball zu laufen. Running Backs seien leicht zu ersetzen und für den Erfolg eines Teams kaum entscheidend. Es sei zudem ratsam, deutlich seltener zu punten und viel mehr vierte Versuche auszuspielen.

Ein Umdenken findet statt

Die Ergebnisse wurden unterschiedlich aufgenommen: Die Philadelphia Eagles vertrauten bei ihrem Super-Bowl-Sieg 2018 der Empfehlung, mehr Fourth Downs auszuspielen und die Baltimore Ravens, das beste Team der Regular Season 2019, bekannten sich offen zu einer auf Wahrscheinlichkeiten basierenden Philosophie. Überall hat sich der neue Ansatz allerdings noch nicht durchsetzen können. Einige Teams bleiben nach wie vor skeptisch – auch wenn langsam ein Umdenken stattzufinden scheint. Dave Gettleman, Manager der New York Giants und einer der konservativsten Köpfe in der NFL, erklärte im Anschluss an die Saison 2019 zwar, mehr auf Analytics setzen zu wollen, völlig überzeugt wirkte er dabei allerdings noch nicht. Sein exaktes Zitat damals: »Wir haben vier Computer-Typen eingestellt.«

Green Bay Packers, Inc.

Der Sonderstatus der Packers in der NFL

Die Green Bay Packers sind das vielleicht erfolgreichste Profi-Footballteam aller Zeiten. Mit 13 Titeln (darunter vier Super Bowls) haben die Packers mehr als jede andere Organisation gesammelt, als einziges Team krönten sie sich dreimal in Serie zum Meister, zudem zogen sie in den vergangenen 27 Jahren ganze 20-mal in die Playoffs ein. Mit Aaron Rodgers läuft einer der besten Spieler überhaupt für das Team auf. Und doch ist es etwas anderes, das das Franchise zu einer ganz besonderen macht. Denn: Die Packers sind das einzige Team in den großen US-amerikanischen Sportligen, das sich in Gemeinschaftsbesitz befindet.

Mehr als 360.000 Teambesitzer

Während alle anderen NFL-Teams einer Einzelperson oder einer Partnerschaft gehören, sind mehr als 360.000 Personen an den Packers beteiligt. Das Team ist eine Non-Profit-Organisation, niemand darf mehr als rund vier Prozent der Anteile besitzen, anders als beispielsweise bei Aktien erhalten die Anteilseigner zudem keine Dividende und können ihren Teambesitz auch nicht verkaufen. Dieser darf ausschließlich verschenkt werden und das auch einzig und allein an enge Verwandte. Die zahlreichen Besitzer erhalten lediglich Stimmrechte, eine Einladung zur Jahreshauptversammlung der Packers sowie Zugang zu exklusiven Merchandising-Artikeln.

Ausnahmeregelung für die Packers

Tatsächlich ist diese Art der Unternehmensstruktur in der NFL seit den 1980er-Jahren verboten. Damals verabschiedete die Liga ein Gesetz, das maximal 32 Personen als Besitzer eines Teams zulässt. Aufgrund ihrer traditionsreichen Vergangenheit erhielten die Packers allerdings als einziges Team eine Ausnahmeregelung. Der Aufbau des Teams muss heute als ein absolutes Erfolgsmodell gewürdigt werden. Mit gerade mal rund 100.000 Einwohnern stellt Green Bay den kleinsten Markt aller NFL-, MLB-, NBA- und NHL-Teams in den USA dar. Dennoch konnte die Stadt ihr geliebtes Team bis heute relativ problemlos halten. *Forbes* taxierte den Wert des Franchise im Jahr 2019 zudem auf beeindruckende 2,63 Milliarden US-Dollar. Trotz ihrer teilweise riesigen Märkte sind mehr als die Hälfte der NFL-Teams demnach weniger wertvoll.

Lambeau Field

Das dienstälteste Stadion der NFL

1957 als New City Stadium eröffnet, ist das Lambeau Field, die Heimat der Green Bay Packers, heute die wohl legendärste Football-Spielstätte der Welt. Bei seiner Erbauung war es das erste reine NFL-Stadion der USA, heute ist es nicht nur die am längsten genutzte NFL-Arena, mit 81.441 Plätzen gehört es auch nach wie vor zu den größten der Liga.

Das Lambeau Field ist bekannt als die »Frozen Tundra«, ein Spitzname, den sich das Stadion durch den so genannten Ice Bowl zwischen den Packers und den Cowboys bei minus 26 Grad Celsius im Jahr 1967 verdiente. Auch heute werden zweistellige Minusgrade noch regelmäßig in Green Bay gemessen. Darüber hinaus ist das Stadion als Heimatort des »Lambeau Leap«, des vielleicht bekanntesten Jubels der NFL, bekannt: 1993 sprang Packers-Safety LeRoy Butler erstmals nach einem Touchdown in die Arme der Fans in der ersten Zuschauerreihe und führte damit eine Tradition ein, die bis heute fortgesetzt wird. Als eines der wenigen Stadien in der NFL trägt Lambeau Field, das nach dem ehemaligen Packers-Gründer, -Spieler und -Trainer Curly Lambeau benannt ist, nach wie vor keinen Sponsor im Namen, eine Tradition, die sich das Team unbedingt bewahren möchte. »Wir werden die Namensrechte des Stadions nicht verkaufen. Das werden wir niemals tun«, versicherte Packers-Präsident Mark Murphy erst 2015 erneut.

Lambeau Field kurz vor dem Beginn eines Packers-Spiels

Soldier Field

Das älteste Stadion der NFL

Soldier Field von außen betrachtet

Das Lambeau Field mag das dienstälteste Stadion in der NFL sein – allerdings nur, weil die Chicago Bears ihre Heimspiele bis 1971 noch im Wrigley Field ausgetragen haben und erst anschließend ins Soldier Field zogen. Denn: Das Soldier Field, dessen Name als Erinnerung an im Krieg gefallene Soldaten dienen soll, wurde bereits 1924 erbaut. Damals verfügte das Stadion noch über mehr als 100.000 Plätze, 1927 besuchten mehr als 123.000 Zuschauer das Collegespiel zwischen Notre Dame und Southern California, ein Zuschauerrekord, der fast 90 Jahre lang Bestand haben sollte.

Heute verfügt das Soldier Field zwar »nur« noch über eine Kapazität von 61.500 Plätzen, dient aber dennoch als Austragungsort zahlreicher großer Sportwettkämpfe: Neben den Bears und Notre Dame trugen früher auch die Chicago Cardinals, die 1960 nach St. Louis und 1988 schließlich nach Phoenix umzogen, ihre Heimspiele in dem fast 100-jährigen Stadion aus, zudem fanden dort 1994 drei Spiele der Fußball-WM, darunter zwei mit deutscher Beteiligung, sowie 1968 die ersten Special Olympics statt. Einen Makel hat das Soldier Field allerdings bis heute: Das Stadion wartet nach wie vor auf seine erste Austragung eines Super Bowls.

Arrowhead Stadium

Die lauteste Arena der Welt

90

Wie die Chicago Bears wurden auch die Kansas City Chiefs durch den Zusammenschluss der NFL und der AFL und der damit verbundenen Anforderung an jedes NFL-Stadion, über mindestens 50.000 Plätze zu verfügen, 1966 dazu gezwungen, sich ein neues Stadion zu suchen. Anders als die Bears fanden die Chiefs allerdings keine passende Alternative, sodass sie prompt ihr eigenes Stadion bekamen. Der Name: Arrowhead Stadium.

Mit 76.416 Plätzen gehört die Spielstätte zwar zu den größten der NFL, bekannt ist das Stadion allerdings für zwei andere Dinge: Zum einen bildete Kansas City erstmals kleine Pfeile, anfangs noch Pfeilspitzen (auf Englisch: Arrowheads), neben den Yard-Markierungen auf dem Rasen ab, die auf die näher gelegene Endzone hinwiesen. Eine Praxis, die nach und nach von anderen Teams übernommen wurde und seit 1978 in der NFL sogar verpflichtend ist. Noch bedeutender allerdings: Arrowhead ist das lauteste Stadion der Welt. Was von der NFL anfangs noch als Problem wahrgenommen wurde – 1990 drohte ein Schiedsrichter dem Team aufgrund der zu hohen Lautstärke tatsächlich mit einer Strafe – ist seit dem 29. September 2014 sogar eine Auszeichnung für Kansas City: Mit 142,2 gemessenen Dezibel – und damit lauter als eine Kettensäge oder ein Presslufthammer – steht das Arrowhead seitdem offiziell im *Guinness-Buch der Rekorde*.

Fans der Kansas City Chiefs im Arrowhead Stadium

Mercedes-Benz Superdome

Zuhause von sieben Super Bowls

Der Superdome in New Orleans

Der Superdome ist nicht nur die Heimspielstätte der New Orleans Saints mit mehr als 70.000 Plätzen, er ist mehr als ein Footballstadion. Tatsächlich richtet kaum ein Stadion in den USA regelmäßiger große Events aus als das kolossale Monument in Louisiana. Seit seiner Fertigstellung im Jahr 1975 fand das Final Four (die Finalspiele im College-Basketball) bereits sechsmal im Superdome statt, 2019 richtete New Orleans zudem die College Football Playoff National Championship (das Finale der College-Footballsaison) aus. Besonders beeindruckend allerdings: Mit sieben Super Bowls war der Superdome häufiger Austragungsort des größten Spiels einer jeden NFL-Saison als jedes andere Stadion. Bereits 2024 soll die Zahl auf ganze acht Ausrichtungen ausgebaut werden. Als Zufluchtsort während Hurrikan Katrina erfuhr die Arena 2005 zudem globale Aufmerksamkeit.

Und doch benötigt der Superdome, der seit 2011 Mercedes-Benz als Sponsor in seinem Namen trägt, nicht zwingend ein Finalspiel, um zu glänzen: Bereits seit Jahren zählt er zu den anspruchsvollsten Stadien für Gastmannschaften. 2010 sahen sich Brett Favre und seine Vikings aufgrund der Lautstärke während der offensiven Drives der Gäste sogar dazu gezwungen, mit Ohrstöpseln zu spielen. »Das war mit Abstand die feindlichste Stimmung, in der ich jemals gewesen bin«, zollte Favre den Fans später Respekt. »Man konnte absolut nichts hören.«

Oakland-Alameda County Coliseum

Amerikas meistgehasstes Stadion?

Auch das Coliseum zählt zu den ältesten (und dienstältesten) Stadien der NFL. Anders als das Lambeau Field, das Arrowhead oder der Superdome genießt das Stadion der Oakland Raiders bei den eigenen Spielern und Fans allerdings kein allzu hohes Ansehen mehr. Zum einen war das Coliseum Ende der 2010er-Jahre das zweitkleinste Stadion der Liga, einzig die Los Angeles Chargers spielten während der Saison 2019 in einer noch kleineren Arena. Zum anderen war es die einzig verbliebene NFL-Arena, die sich das ansässige Footballteam mit einem Team der Baseball-Liga MLB teilen musste. Für die Raiders bedeutete dies zu Beginn einer jeden Saison, dass Teile des Spielfelds vom Baseball-Infield, also mit einem Sand-Ton-Schlick-Gemisch, statt mit Rasen bedeckt waren. Eine überaus schmerzhafte Angelegenheit für die Spieler.

Diese Erfahrung gehört fortan allerdings der Vergangenheit an: Zum Beginn der Saison 2020 verlassen die Raiders ihr unter dem Meeresspiegel gelegenes Coliseum und ziehen nach Las Vegas. Die Fans werden ihren traditionsreichen Oakland Raiders sicher nachtrauern. Gilt das auch für das Coliseum? Vermutlich nicht. Erst im Jahr 2017 bezeichnete die *New York Times* es als »Amerikas womöglich meistgehasstes Sportstadion.«

Das Baseball-Infield auf dem Rasen im Coliseum

Werbung im Super Bowl

Der Platz der teuersten Werbespots der Welt

Der Super Bowl ist Jahr für Jahr nicht nur der größte sportliche Wettbewerb der USA, er ist obendrein das mit Abstand populärste TV-Event in den Vereinigten Staaten. Mehr als 110 Millionen Zuschauer verfolgen das Spiel mittlerweile jährlich, von den 20 TV-Übertragungen mit den meisten Zuschauern in der Geschichte der USA sind ganze 19 ein Super Bowl gewesen.

Werbespots wie Hollywood-Filme

Jahr für Jahr überbieten Firmen sich daher gegenseitig mit ihren spektakulären Ideen, um sich vor Hunderten Millionen von Zuschauern von der Masse abzuheben. Die Super-Bowl-Werbespots werden oft produziert wie Hollywood-Filme, Star-Regisseure sind seit Jahren ebenso wenig eine Seltenheit wie Superstars vor der Kamera oder aberwitzige Special Effects und Animationen von Kino-Qualität. Dieser Trend hat sich mittlerweile so weit entwickelt, dass zahlreiche Zuschauer die Übertragung des Super Bowls in erster Linie wegen der Werbeunterbrechungen schauen und nicht wegen des Footballspiels.

Mehr als 5 Millionen Dollar pro Clip

Auch aufgrund der heterogenen Zusammensetzung der Zuschauer, Weiße schalten beim Super Bowl ebenso ein wie Afroamerikaner und Latinos, auch Frauen sind mittlerweile zu mehr als 40 Prozent unter den Zuschauern vertreten, zahlen Firmen exorbitante Summen für die Werbeplätze. Seit den 2010er-Jahren kostet ein 30-sekündiger Spot während des Super Bowls mehr als 5,5 Millionen US-Dollar. Zum Vergleich: Für eine Werbung der gleichen Länge während eines Sunday-Night-Footballspiels müssen gerade mal 700.000 US-Dollar hingelegt werden. Die Liste der ikonischen Clips ist beinahe unendlich: Apples unter Regie von Oscar-Preisträger Ridley Scott gedrehter Spot, der an George Orwells Roman *1984* angelehnt war, ist heute ähnlich legendär wie Pepsis Werbung mit der aus einem Ferrari aussteigenden Cindy Crawford. Einen besonderen Titel heimste 2011 allerdings Volkswagen ein: Ihr als Darth Vader verkleidetes Kind, das den Wagen seiner Eltern scheinbar durch das Nutzen der Macht zum Starten bringt, ist bis heute der am meisten angesehene Super-Bowl-Spot auf YouTube.

Der Madden-Fluch

Jahr für Jahr schlägt ein Videospiel aufs Neue zu

94

Madden NFL ist eines der populärsten Videospiele weltweit. EA Sports verkaufte weit mehr als 100 Millionen Exemplare seiner Spielereihe, gemeinsam mit FIFA ist Madden für mehr als zwei Drittel des Umsatzes der Entwicklerfirma verantwortlich. Und dennoch reißen sich die NFL-Stars nicht gerade darum, das Cover des Spiels zu zieren – obwohl diese Ehre doch eigentlich mit erhöhtem Prestige und zunehmender Popularität verbunden sein sollte. Der Grund dafür: Der so genannte Madden-Fluch.

Vom Pech verfolgt

Tatsächlich wurden die ersten zehn Athleten, die auf dem Cover des Spiels zu sehen waren (bis 1999 war dies stets Coaching-Legende John Madden), im darauffolgenden Jahr schwer vom Schicksal getroffen. Acht der zehn Spieler verletzten sich, viele davon schwer. Den einzigen zwei Stars, die gesund blieben, erging es nicht viel besser: Daunte Culpepper spielte 2002 die mit Abstand schwächste Saison seiner Karriere und Eddie George besiegelte 2001 nach einer eigentlich starken Saison das Playoff-Aus seiner Tennessee Titans durch einen folgenschweren Fumble.

Mahomes bricht den Fluch

Ab 2009 trat der Fluch nicht mehr ganz so offensichtlich auf, doch gänzlich erfolgreiche Saisons blieben weiterhin aus: Brett Favre spielte 2009 eine durchwachsene Saison, die allerdings auch stark seinem fortgeschrittenen Alter geschuldet war, Drew Brees schied 2011 nach einer eigentlich guten Saison völlig überraschend gegen die Seattle Seahawks aus und Calvin Johnson gewann mit den Detroit Lions 2013 trotz herausragender individueller Statistiken nur vier Saisonspiele. Als erster Madden-Cover-Athlet überhaupt schaffte es Tom Brady 2018, den MVP-Titel zu gewinnen, doch auch er konnte den Fluch nicht vollends brechen: Wie bereits Richard Sherman 2015, zog er nach einer starken Saison in den Super Bowl ein, verlor diesen dann allerdings dramatisch in den letzten Sekunden. Erst in der Saison 2019 konnte Patrick Mahomes den Fluch als Cover-Athlet brechen. Der Quarterback erreichte mit den Kansas City Chiefs Super Bowl LIV, bezwang dort die San Francisco 49ers und wurde sogar zum Super Bowl MVP gekürt.

Frauen im Football

Mehr als nur Lingerie Football

Während sich beispielsweise der Frauenfußball in Deutschland und den USA merklich wachsender Popularität erfreuen kann, ist und bleibt Football ein von Männern dominierter Sport. In den Vereinigten Staaten existieren zwar Ligen für Frauen-Footballteams, diese sind allerdings in keiner Weise mit der großen NFL vergleichbar. Statt Millionengehälter zu beziehen, müssen die Spielerinnen in der IWFL beispielsweise eine Gebühr entrichten, um überhaupt an dem Wettbewerb teilnehmen zu dürfen.

Die wohl bekannteste Frauenliga ist die X League, die einst als Lingerie Football League gegründet wurde. Die LFL erlangte ihre Berühmtheit dadurch, dass die Bekleidung der Spielerinnen eher an einen Bikini als an eine Football-Uniform erinnerte und somit mehr eine sexistische und objektisierende Sichtweise auf die Spielerinnen freigab, statt den Sport in den Vordergrund zu stellen.

Erste Fortschritte existieren

Bis heute hat es keine Frau im Football auf das höchste professionelle Level geschafft. Liz Heaston, Kickerin für die Willamette Bearcats, lief im Jahr 1997 als erste Frau in einem College-Footballspiel auf, Holley Mangold, die Schwester des ehemaligen NFL-Centers Nick Mangold, entschied sich nach der High School gegen eine mögliche Karriere als Offensive Linewoman und wurde Gewichtheberin. Und doch gibt es zumindest einige Fortschritte: Brittanee Jacobs wurde 2015 als erste Trainerin von den Arizona Cardinals angestellt, Sarah Thomas wurde zudem im gleichen Jahr die erste Schiedsrichterin auf dem NFL-Level.

Spielerinnen in der X League in Aktion

Die NFL Europe

Die europäische Liga der NFL

96

Der Wunsch der NFL, die eigene Popularität zu maximieren, ist so alt wie die Liga selbst. Seit fast 50 Jahren richtet sie ihren Blick dabei auch vermehrt über Nordamerika hinaus. 1976 wurde erstmals ein Spiel in Tokio ausgetragen, 1978 folgte Mexiko-Stadt, ehe 1983 auch Europa in das Vergnügen eines NFL-Spiels kam und eine Begegnung in London ausrichten durfte. Sechs Jahre später gingen die Bemühungen der NFL sogar so weit, dass sie die World League of American Football gründete. Die WLAF fungierte damals als eine Art Entwicklungsliga, die erstmals eine dauerhafte Brücke zwischen den USA und Europa schlug: Neben sechs US-amerikanischen und einem kanadischen Team spielten drei europäische Teams, die London Monarchs, die Barcelona Dragons sowie Frankfurt Galaxy, in dem neuen Wettbewerb.

Sechs europäische Teams

Die WLAF, die jedes Jahr mit der Austragung des World Bowls endete, fungierte in erster Linie als Bühne für junge Spieler sowie als Testobjekt für mögliche Regeländerungen. So wurde beispielsweise die Two-Point-Conversion zunächst in der WLAF getestet, ehe sie 1994 auch in der NFL eingeführt wurde. Wenig überraschend hielt sich das Interesse an der B-Liga in den USA in Grenzen, die Zuschauerzahlen der europäischen Teams übertrafen allerdings jegliche Erwartungen ihrer Gründer. Nach zweijähriger Pause verkündete die NFL 1994 daher eine Umstrukturierung der Liga: Die WLAF wurde auf sechs Teams reduziert, die drei europäischen Teams um die Amsterdam Admirals, die Scottish Claymores in Edinburgh sowie Rhein Fire in Düsseldorf erweitert.

Zahlreiche Probleme

Doch auch das rein europäische Projekt wies Makel auf: Das Spielsystem, in dem der World Bowl zwischen dem Tabellenführer nach der ersten Saisonhälfte und dem Tabellenführer nach Saisonende ausgetragen wurde, war von Beginn an nichts anderes als eine Schnapsidee, zudem mussten die Monarchs an der White Hart Lane, dem Stadion der Tottenham Hotspur, auf einem deutlich kleineren Feld spielen als die Konkurrenz. Trotz einer Namensänderung in NFL Europe sowie teilweise hochklassigen Spielern wie Jake Delhomme, der über sieben Saisons der Starting

Quarterback der Carolina Panthers werden sollte, und Kurt Warner, der nur ein Jahr nach seinem Engagement bei den Admirals zum NFL MVP gewählt wurde und mit den St. Louis Rams den Super Bowl gewann, sorgte die Liga innerhalb Europas kaum für Begeisterung. Mit einer großen Ausnahme: Deutschland.

Deutschland als große Ausnahme

Während beispielsweise die Monarchs auf weniger als 6000 Zuschauer pro Spiel kamen, verzeichneten Rhein Fire und Galaxy durchschnittlich rund 30.000. In der Folge entwickelte sich die NFL Europe mehr und mehr zur NFL Deutschland: 1999 ersetzten die Berlin Thunder die Monarchs, 2004 die Cologne Centurions die Dragons und 2005 die Hamburg Sea Devils die Scottish Claymores. Die NFL hatte genug gesehen: Die europäische Liga machte trotz teilweise hoher Zuschauerzahlen schätzungsweise rund 30 Millionen US-Dollar Verlust im Jahr, eine Summe, die die NFL nicht länger auszugleichen bereit war. Am 29. Juni 2007 verkündete sie das Ende der NFL Europe. Gänzlich auf NFL-Football verzichten mussten die europäischen Fans fortan allerdings nicht: Nur vier Monate später trugen die New York Giants und die Miami Dolphins im Londoner Wembley-Stadion erstmals ein Spiel der bis heute existenten NFL International Series aus.

Die Commerzbank Arena bei einem Spiel von Frankfurt Galaxy gegen Rhein Fire

NFL-Spiele in Europa

Die London Games und weitere Pläne

97

Der Plan der NFL, durch die NFL Europe auch Europa vom Football übernehmen zu lassen, mochte zunächst gescheitert sein, doch eine neue Idee, um die eigene Popularität in Übersee zu steigern, war bereits geboren: Die NFL International Series. Die Spiele erinnerten an die American Bowls, die bereits 20 Jahre zuvor regelmäßig außerhalb der USA ausgetragen wurden. So spielten 1986 die Bears und die Cowboys erstmals in diesem Rahmen ein Spiel in London, zwischen 1990 und 1994 wurden sogar vier Begegnungen in Berlin ausgetragen. Der große Unterschied war jedoch: Während die American Bowls ausschließlich Preseason-Spiele beinhalteten, wurden bei der International Series tatsächlich Regular-Season-Spiele ausgetragen. Den Auftakt machten 2005 die Arizona Cardinals und die San Francisco 49ers, die im Estadio Azteca in Mexiko-Stadt aufeinandertrafen und mit mehr als 100.000 Zuschauern gleich einen neuen NFL-Rekord aufstellten. Spiele in Europa sollten zwei Jahre später folgen.

Von 2007 bis 2012 wurde jährlich ein Match im Londoner Wembley-Stadion ausgetragen, 2013 wurde die Anzahl der Spiele auf zwei und 2014 schließlich auf drei Spiele pro Jahr erhöht. Mit dem Twickenham Stadium (2016 und 2017) sowie dem Tottenham Hotspur Stadium ab 2019 kamen schließlich noch weitere Arenen in London hinzu. Die Begegnungen waren ein voller Erfolg: Trotz sehr hoher Ticketpreise, deutlich höher als die Preise eines Bundesligaspiels beispielsweise, waren die Spiele stets innerhalb weniger Tage, viele Monate im Voraus, ausverkauft. Laut der NFL machen US-

Amerikaner zudem nur rund drei Prozent der Zuschauer aus, alle weiteren stammen tatsächlich aus Europa. Das mit Abstand aktivste Team in Europa sind übrigens die Jacksonville Jaguars: Seit 2013 trug die Franchise aus der AFC South stets eines ihrer Heimspiele im Londoner Wembley-Stadion aus.

Ein NFL-Team in London?

Die Pläne der NFL gehen mittlerweile schon so weit, dass sogar ein Team, das dauerhaft in London ansässig ist, ernsthaft in Betracht gezogen wird. Die Indianapolis Colts verzichteten in der Saison 2016 als erstes und bislang einziges Team überhaupt auf die ihnen eigentlich zustehende einwöchige Pause nach der Reise nach London und gewannen ihr darauffolgendes Spiel gegen die Chicago Bears trotz Zeitumstellung und weiteren Strapazen, sodass Auswärtsspiele gegen ein Londoner Team als Teil des normalen NFL-Kalenders mittlerweile durchaus für möglich gehalten werden. Aufgrund ihrer bereits vorhandenen Verbundenheit zu London werden die Jaguars immer wieder als das wahrscheinlichste Team für einen Umzug in die britische Hauptstadt genannt, auch wenn Teambesitzer Sadiq Khan Gerüchte dieser Art bislang stets zurückgewiesen hat.

Eines ist jedoch klar: Europa bleibt fest im Blick der NFL. Commissioner Roger Goodell zeigte sich sogar offen für einen in London ausgetragenen Super Bowl und auch Deutschland könnte bald in den Genuss von NFL-Spielen kommen: Gegenüber *Sports Illustrated* erklärte Chris Halpin, Vizepräsident der NFL, im Jahr 2019: »Die Märkte, die wir beobachten, sind Deutschland und dann Kanada.«

Cheerleader im Wembley Stadium während eines Spiels der Jacksonville Jaguars gegen die Baltimore Ravens

Manni Burgsmüller

Vom Bundesligastar zum Kicker

98

Wer sich in Deutschland für Sport interessiert, der dürfte schon mal von Manni Burgsmüller gehört haben. Fast 20 Jahre lang zählte dieser zu den besten Stürmern Deutschlands, Burgsmüller spielte für Rot-Weiß Essen, Borussia Dortmund, den 1. FC Nürnberg und Werder Bremen, er wurde Deutscher Meister, zweimal zweitbester Torschütze in einer Bundesligasaison, spielte für die deutsche Nationalmannschaft und ist bis heute der beste Torjäger in der Geschichte des BVB. Nur vier Spieler erzielten jemals mehr Tore in der Bundesliga als er.

Kicker für Rhein Fire

Was allerdings weniger bekannt ist: Burgsmüller war auch als Footballer aktiv. Nach seiner Fußballkarriere wurde er ab 1996 Kicker bei Rhein Fire, dem Düsseldorfer Team in der World League of American Football bzw. der NFL Europe. Was als eine Art PR-Gag begann, entwickelte sich zu einem hochprofessionellen Verhältnis zwischen Spieler und Team. »PR hin oder her – ich wollte nicht die Lachnummer sein. Ich wusste: Wo Zuschauer im Stadion sind, kann ich mir keine Flops erlauben«, erzählte Burgsmüller dem *Spiegel* 2002 in einem Interview. »Ich musste das Ei vernünftig durch die Stangen kriegen. Also habe ich richtig trainiert.«

Der älteste Footballprofi der Welt

Auch wenn der einstige Bundesligastar zugab, dass er als Kicker durchaus einige Vorteile aus seiner ersten Karriere ziehen konnte, so musste er sich doch an den neuen Ball und das ungewöhnliche Ziel gewöhnen – und griff dafür zu teilweise äußerst kreativen Methoden. Anfangs verband Burgsmüller das Gitter seines Helmes und seinen Gürtel mit einer kurzen Schnur, um sich dazu zwingen, den Blick stets gesenkt zu halten und dem Ball nicht hinterherzuschauen, da dies die Genauigkeit seiner Kicks verringerte. All das Training sollte sich auszahlen: Burgsmüller gewann mit Rhein Fire gleich zweimal den World Bowl und erzielte in seiner siebenjährigen Kicker-Karriere mehr als 300 Punkte. Sein ursprüngliches Ziel, bis zum Alter von 60 Jahren aktiv zu sein, erreichte er zwar nicht, mit 52 Jahren war Burgsmüller im letzten Jahr seiner Karriere allerdings tatsächlich der älteste aktive Footballprofi der Welt.

Burgsmüller setzt einen Trend

Und: Burgsmüller hatte einen neuen Trend gesetzt. Der 141-fache Bundesligaspieler Axel Kruse heuerte drei Jahre nach ihm bei den Berlin Thunder an und auch Burgsmüllers Nachfolger bei Rhein Fire war ein bekanntes Fußballgesicht: Der 292-fache Bundesligaprofi Ingo Anderbrügge übernahm im Jahr 2003 für zwei Jahre die Aufgaben des Kickers für das Düsseldorfer Footballteam.

Manni Burgsmüller während eines Spiels von Rhein Fire

Rob Hart

Der barfüßige Kicker

99

Wie die meisten Kinder in England spielte auch Rob Hart in jungen Jahren Fußball. Der Youngster zeigte durchaus Talent und schaffte es bis in die Jugendmannschaft des FC Portsmouth. Nach einigen Jahren wechselte der junge Rob allerdings zum American Football. Hart spielte Quarterback, Running Back und Cornerback in England, ehe er der Kicker der Murray State University in Kentucky wurde. So weit, so gewöhnlich. Viele Kicker auf dem College- als auch auf dem NFL-Level sammeln zunächst Erfahrungen als Fußballer. Das besondere an Hart: er kickte stets barfuß.

Rob Hart kickt den Ball barfuß

Der Engländer stieg aufgrund seiner ungewöhnlichen Schuhwahl schnell zum Publikumsliebling auf, doch Hart war trotz – oder gerade wegen? – seiner Entscheidung durchaus erfolgreich: Er wurde in das All-Star-Team seiner College-Conference gewählt und brachte es tatsächlich zum Profi, wenn auch nur auf dem europäischen Level. In der NFL Europe lief Hart ein Jahr für die England Monarchs und fünf Jahre für die Scottish Claymores auf, er wurde zweimal ins All-Star-Team der Liga gewählt und erreichte in seinem letzten Jahr einen ganz besonderen Meilenstein: Mit seinem 333. Punkt stieg Hart in der Saison 2004 zum besten Scorer in der Geschichte der NFL Europe auf. Eine beeindruckende Leistung. Ganz besonders für einen Spieler mit nur einem Schuh an den Füßen.

Die GFL

Die höchste deutsche Footballliga

100

Christopher McClendon (r.), MVP des German Bowl 2019, im Einsatz für die Lions

Seit mehr als 40 Jahren gibt es den Ableger der NFL nun bereits in Deutschland. Im Jahr 1999 erhielt die German Football League schließlich auch ihren heutigen Namen, GFL, zuvor war sie als 1. Bundesliga im Football bekannt gewesen. 1979 zählte die höchste deutsche Football-Spielklasse bei ihrer Gründung noch sieben Teams, heute zählen 16 Mannschaften zu ihren Teilnehmern, acht in einer nördlichen und acht in einer südlichen Gruppe, ähnlich wie in der NFL also. Jede Mannschaft trifft pro Saison zweimal auf jedes andere Team aus ihrer eigenen Gruppe, die reguläre Saison beträgt also 14 Spiele pro Team. In die Playoffs ziehen jeweils die ersten vier Teams aus den beiden Ligen ein. Dann kommt es zu dem direkten Aufeinandertreffen der nördlichen und der südlichen Teams, die in einem K.O.-System die beiden Finalteilnehmer ausspielen. Ein wichtiger Unterschied zur NFL allerdings: Im Gegensatz zu den USA kennt der Football in Deutschland ein System mit mehreren Spielklassen. Das bedeutet: Auf- und Abstiege sind möglich. Am Ende jeder regulären Saison kommt es somit neben den Playoffs auch zu einer Relegation, in der die beiden Letztplatzierten auf die jeweiligen Gruppensieger aus der GFL2 treffen.

Am Ende der Playoffs steht jedes Jahr der German Bowl, in dem der deutsche Meister gekrönt wird. Rekordteilnehmer und Rekordmeister sind dabei die New Yorker Lions. Auch 2019 siegte der Erstligist aus Braunschweig und beendete damit die zwei Jahre andauernde Serie der Schwäbisch Hall Unicorns. Tatsächlich gewannen in den neun Saisons vor 2019

stets die Lions oder die Unicorns den Titel, in fünf der letzten sechs German Bowls standen sich die beiden Teams sogar direkt gegenüber. Der German Bowl ist dabei heutzutage längst kein lokales Ereignis mehr: Seit 2008 kann das Endspiel um die deutsche Footballmeisterschaft deutschlandweit im Fernsehen verfolgt werden. 2019 wurde es zudem zum mittlerweile vierten Mal in der rund 50.000 Zuschauer fassenden Commerzbank-Arena in Frankfurt ausgetragen.

Die Braunschweig New Yorker Lions nach dem Sieg in German Bowl XLI über die Schwäbisch Hall Unicorns

Football-Hype in Deutschland

Mitglieder- und Zuschauerzahlen schießen in die Höhe

101

Die Zeiten, in denen der Super Bowl in Deutschland auch von Promis wie Boris Becker oder Franziska van Almsick kommentiert wurde, wie es in der ARD zeitweise der Fall war, sind definitiv vorbei. Super Bowl LIV zwischen den Kansas City Chiefs und den San Francisco 49ers konnten Footballfans 2020 im Free-TV auf ProSieben verfolgen, wo unter anderem Football-Coach Patrick Esume und Ex-NFL-Spieler Björn Werner für Expertise sorgten. Beim Streaming-Dienst DAZN durften Zuschauer zudem parallel zwischen einer Übertragung mit den ehemaligen NFL-Spielern Sebastian Vollmer und Markus Kuhn oder aber Original-Bild und -Ton aus den USA wählen. Eine Auswahl, die Fans in Deutschland so zuvor noch nie hatten.

Die NFL als Zuschauermagnet

Diese Entwicklung ist keine große Überraschung: Hierzulande wird der Super Bowl, der in den USA Jahr für Jahr mehr als 100 Millionen Zuschauer vor die TV-Geräte lockt, mittlerweile auch von rund 1,5 Millionen Zuschauern gesehen. Der Rekord stammt aus dem Jahr 2016, als 1,78 Millionen Zuschauer den Erfolg der Denver Broncos über die Carolina Panthers mitverfolgten. Doch nicht nur der Super Bowl zieht die deutschen Fans in den Bann: Footballübertragungen verzeichneten in Deutschland 2019 insgesamt ein Plus von 22 Prozent und erreichen mittlerweile regelmäßig Marktanteile im zweistelligen Bereich. Die NFL ist für ProSieben und ProSieben Maxx ein echter Zuschauermagnet geworden und lockt mehr Interessierte als zum Beispiel die deutsche Handball-Bundesliga oder Basketball-Liga vor die TV-Geräte.

Mitgliederzahlen verdoppeln sich

Und: Auch die deutschen Teams ziehen mehr und mehr Aufmerksamkeit auf sich. German Bowl XLI lockte 2019 mehr als 20.000 Zuschauer in die Frankfurter Commerzbank-Arena, die höchste Zahl seit fast 20 Jahren. Die Heimspiele von Teams wie den Kiel Baltic Hurricanes oder den Braunschweig Lions sehen zudem durchschnittlich rund 5000 Zuschauer. Anders als in den USA, wo die Zahl der aktiven jungen Footballspieler mittlerweile rückläufig ist, steigen hierzulande auch die Mitgliederzahlen im American Football Verband deutlich an: Seit 2008 verdoppelte sich die Anzahl auf mehr als 60.000 Aktive.

Noch größeres Potenzial in Deutschland?

Viele sehen die NFL dabei als das große Zugpferd für den Sport und den Hauptgrund für den Football-Hype in Deutschland. Spieler wie Vollmer, der 2015 mit den Patriots den Super Bowl gewann, oder Werner, der 2013 von den Indianapolis Colts in der ersten Runde des Drafts ausgewählt wurde, eigneten sich dabei als deutsche Gesichter. ProSiebenSat. 1 Media gelang es zudem mit ihrem Kommentatoren- und Expertenteam bei ran Football, das bekannte Namen wie Frank Buschmann mit beliebten Newcomern wie Esume, »Icke« Dommisch oder Florian Schmidt-Sommerfeld verband, auch Football-Neulinge vor die TV-Bildschirme zu locken.

AFVD-Präsident Robert Huber sah darin gegenüber der *dpa* jedoch nicht den Hauptgrund für die wachsende Footballbegeisterung in Deutschland. »Wir können diese sogenannte NFL-Begeisterung mit unseren Bordmitteln nicht bestätigen«, so Huber, der betonte: »Unser Mitgliederwachstum ist seit zehn Jahren da.« Eine Einschätzung, die Esume allerdings ganz und gar nicht teilt. »Wenn es dir nicht um den Sport geht, sondern um deine eigene Position, kommt man auf solche Ideen«, erklärte der zweimalige World-Bowl-Sieger und German-Bowl-Sieger. Esume hält das Potenzial von Football in Deutschland sogar für längst noch nicht voll ausgenutzt: »Es ist eine Riesenchance und Deutschland verpasst sie.«

Das Team von ran Football bei einem Pressetermin 2016

Cam Newton macht seine »Superman«-Pose.

Bildnachweis

Impressum

Verantwortlich: Lothar Reiserer
Redaktion & Lektorat: Birgit Günther
Korrektorat: Ralf J. Klumb | The Wordworms
Layout: BUCHFLINK Rüdiger Wagner
Umschlaggestaltung: Lothar Reiserer
Repro: LUDWIG:media
Herstellung: Markus Drapatz
Printed in Slovenia by Florjancic

Sind Sie mit diesem Titel zufrieden? Dann würden wir uns über Ihre Weiterempfehlung freuen.
Erzählen Sie es im Freundeskreis, berichten Sie Ihrem Buchhändler oder bewerten Sie bei Ihrem nächsten Onlinekauf. Und wenn Sie Kritik, Korrekturen oder Aktualisierungen haben, freuen wir uns über Ihre Nachricht an Bruckmann Verlag, Postfach 40 02 09, D-80702 München oder per E-Mail an lektorat@verlagshaus.de.

Unser komplettes Programm finden Sie unter 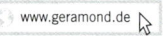 www.geramond.de

Alle Angaben dieses Werkes wurden vom Autor sorgfältig recherchiert und auf den neuesten Stand gebracht sowie vom Verlag geprüft. Für die Richtigkeit der Angaben kann jedoch keine Haftung übernommen werden, weshalb die Nutzung auf eigene Gefahr erfolgt. Sollte dieses Werk Links auf Webseiten Dritter enthalten, so machen wir uns die Inhalte nicht zu eigen und übernehmen für die Inhalte keine Haftung.

In diesem Buch wird aus Gründen der besseren Lesbarkeit das generische Maskulinum verwendet. Weibliche und anderweitige Geschlechteridentitäten werden dabei ausdrücklich mitgemeint, soweit es für die Aussage erforderlich ist.

Die Deutsche Nationalbibliothek verzeichnet diese Publikation in der Deutschen Nationalbibliografie; detaillierte bibliografische Daten sind im Internet über http://dnb.d-nb.de abrufbar.

Bilder Umschlag Vorderseite: Mtsaride/shutterstock.com und Axtokes/shutterstock.com
Rückseite: imago images/UPI Photo und imago images/UIG

© 2020 GeraMond Verlag GmbH, Infanteriestraße 11a, 80797 München

ISBN: 978-3-96453-059-2